Josef
Wohlschlager

Rasen und Blumenwiese

3., überarbeitete Auflage
85 Farbfotos
34 Zeichnungen

Ulmer

Vorwort

Dieses Buch ist in der Absicht geschrieben, dem am Garten interessierten Laien bei der Herstellung und Pflege von Rasen und Wiese mit Ratschlägen zu helfen. Der Titel verlangt eine gleichwertende Behandlung der beiden Gegenpole dieser Vegetationsformen, des Zierrasens und der Blumenwiese. Mein Beruf als Garten- und Landschaftsarchitekt verpflichtet mich, für jede Aufgabe die angemessene – die richtige – Lösung zu suchen, eine Verpflichtung, die mir ohnehin Bedürfnis ist. Gärten haben unterschiedliche Programme und finden sich in den verschiedensten Situationen. Es ergeben sich Fälle, die reinsten Teppichrasen verlangen. Dort ist dieser Rasen aber auch richtig und schön, weil er Platz und Umgebung angemessen ist. In anderen Fällen ist die Wiese, ob schlicht oder blumenreich, besser und wirkungsvoller. Ich mag sorgfältig gepflegte Rasenflächen (auch säuberlich gemähte Bergwiesen, wenn »ihre« Zeit gekommen ist), aber meine tiefere Zuneigung liegt bei der bunten Wiese mit Blumen, Grillen und Schmetterlingen. Wer Gärten ernsthaft schafft, steht Modeeinflüssen kritisch gegenüber, ist aber dennoch für neue Wünsche, Neigungen und Ideen aufgeschlossen. So läßt er auch beide Vegetationsformen gelten, Rasen und Wiese.

In jüngster Zeit erleben wir eine Welle der Unzufriedenheit mit vielen Dingen, die bislang als geordnet, als sauber und schön angesehen wurden.

Sie erfaßt auch das Verhältnis zu unseren Gärten. Viele erfahrene Gartenplaner nehmen sich ehrlich und verständig dieses Problems an. Geschrieben jedoch wird vieles, mit spekulativem Hintergrund, aber frei von Sachkenntnis. Schlagworte heizen die Stimmung an. Pauschale Forderungen werden verbreitet, die dank ihrer Pauschalität einmal zwar richtig sind, dafür in vielen anderen Fällen aber Schaden anrichten. Es war zu allen Zeiten so, daß gelegentlich das Gewohnte, Bewährte in Frage gestellt wurde, daß der Mensch nach neuen Werten Ausschau hielt. Ohne dieses Fragen und Zweifeln gäbe es keine Weiterentwicklung. So ist es ganz heilsam, wenn der Sinn so mancher Gartensterilität bestritten und manches Absurde bloßgestellt wird. Der Mensch wird wieder an übersehene Qualitäten erinnert, es werden ihm die Augen für noch nicht oder nicht mehr wahrgenommene Schönheiten geöffnet. Nur darf daraus nicht wieder ein neuer Absolutheitsanspruch erwachsen. Das wäre ein Rückschritt. Denken wir daran: Schön ist vieles, aber nicht überall ist Schönes gleich schön. Jedes Ding hat seinen Platz.

Ich wünsche allen, die sich mit einem Garten befassen, Erfolg und Freude bei der Arbeit wie auch in der Muße – ob sie nun den Rasen lieben oder die Blumenwiese oder beides.

Sindelfingen, 1990 und 1996
Josef Wohlschlager

3

Inhalt

Was ist Rasen?

Immer haben wir beim Gebrauch des Begriffes »Rasen« an eine makellose, gleichmäßig saftig grüne, flächendeckende Ansammlung von Grasblättern in bürstendichtem Stand gedacht. Dabei mußte jedes Blättchen schmalgewachsen wie das andere und alle zusammen auf exakt gleiche Länge geschnitten sein. Diese Vorstellung war in ihrer Ausschließlichkeit zeitbedingt, eine Art Mode von allerdings langer Dauer. Ein bestimmter Gartenstil, eine bestimmte Ansicht über »Ordnung« und »Sauberkeit«, über »Klarheit« und »Schönheit« verlangten sie so. Hinzu kam eine gehobene Wertschätzung des Produktes »Garten«, wenn die Herstellung des Rasens kostspielig und der ständige Aufwand, der für das Verharren in diesem Sonderzustand getrieben werden mußte, erheblich war. Wer Geld hatte, konnte sich so etwas leisten. Wer davon aber weniger, zum Ausgleich aber mehr Zeit besaß, strebte einen ähnlichen Zustand, wenn auch im kleinen, an.

Ausreichende Mittel, aber auch den dazu wünschenswerten gartenkünstlerischen Geschmack hatten zu bestimmten Zeiten viele wohlhabende Briten. Sie dürfen für sich in Anspruch nehmen, Erfinder und Bewahrer einer hochgezüchteten gärtnerischen Vegetationsform, des »Englischen Rasens«, zu sein. Nach ihnen und nach dem Land, in dem er die weiteste Verbreitung und die feinste Ausprägung erfuhr, erhielt dieser Rasen seinen Markennamen. Der Begriff stand als Syn-

onym für Exaktheit und Präzision einer kollektiven pflanzlichen Erscheinung. Vielleicht steht er noch immer dafür. Das Produkt wurde bewundert und wird es noch. Es wurde nachzuahmen versucht, nicht immer mit Erfolg.

Wer sich aber je im Heimatland des Englischen Rasens mit dem Phänomen dieser Bodendecke befaßt hat, dem ist nicht verborgen geblieben, daß der Begriff weit gefaßt ist. Zwar muß er bestätigen, daß so viel und so gleichmäßiges Grün kaum in irgendeinem anderen Land zu finden ist. Bei genauem Hinsehen wird er aber auch gewahr, daß selbst in England nicht alles Englischer Rasen ist, was grün aussieht und kurz geschoren ist. Nicht mehr zu übertreffende Ausprägung solch gärtnerischen Fleißes zeigen dort hochbelastete Sportflächen, so im Golf- und Bowlinggreen. Ein immenser Aufwand zur Herstellung und zur Pflege, wie auch reiche Erfahrung, gründliches Wissen und subtile Sorgfalt ermöglichen diese Erscheinung. »Hochbelastet« und »Aufwand«, merken wir uns diese beiden Begriffe für später, es wird über sie noch ausführlich zu sprechen sein.

Der Stolz britischer Rasenkünstler erreicht den Gipfel, wenn makelloser »Lawn« noch durch die Laufrichtung der Mähmaschine wie gestreift oder schachbrettartig gefeldert erscheint.

Fürs Kinderspiel ist Rasen unerläßlich.
Er muß strapaziert werden können. Dafür
erwartet er Pflege: mähen, düngen,
bewässern, belüften.

Das ist sozusagen Frack und Zylinder des Gartens – frisch gereinigt, gestärkt und gebügelt. Die Rasenflächen in den Parks dagegen sind zumeist aus ähnlich obskuren Kräutern (wenn man will, auch »Un«-Kräutern) zusammengesetzt, wie auf den Kontinent. Selbst beim Schloß Windsor wachsen Löwenzahn und Gänseblümchen. Mag sein, daß der Teppich dichter und kürzer ist. Hier sei an den berühmten Ausspruch jenes Gärtners erinnert, der auf die Frage, warum wohl der von ihm gepflegte Rasen so unnachahmlich dicht und gleichmäßig sei, antwortete, es sei dies ganz simpel und kein Geheimnis: jeden Tag gießen und jeden zweiten mähen – das ganze aber dreihundert Jahre lang. Wenn dieser Ausspruch nicht wahr sein sollte, so wäre er doch trefflich erfunden; ohne Zeit, Sorgfalt, Mühe und Beharrlichkeit kein guter Rasen.

Die Zeiten haben sich geändert, die Wünsche und Ansichten auch. In der Landschaft sind die blumenreichen Heuwiesen den vollgedüngten Fettwiesen mit »Hochleistungsgräsern« gewichen. Der Ackerbau erzeugt mit Hilfe von Züchtung, Technik und Chemie einen Getreidewuchs, der mit dem Millimetermaß ausgerichtet zu sein scheint. Blühendes wird ausgemerzt. Ertrag ist das oberste Gebot. Die Natur ist auf dem Rückzug. Winzige Reservate werden ihr belassen. Ersetzt wird sie durch Hochzucht und Reinzucht. Nichts dagegen, das muß wohl sein, aber hier ist der Auslöser für das seelische Unwohlsein vieler sehenden Menschen zu suchen.

Der Garten, der sich bislang durch seine Andersartigkeit von der umgebenden Natur unterschied, soll sich nun wiederum unterscheiden. Nun aber in der anderen Richtung, denn er ist ja jetzt von »Unnatur« (Kultur) umgeben. Was ist die Folge? Das Pendel schlägt in Richtung Natur aus. Der Mensch beginnt von der blühenden Wiese zu träumen und ist entzückt, wenn er eine findet. Er möchte gern selbst eine besitzen, und wenn es nur ein paar Quadratmeter wären. Der Rasen als Schmuck- und Vorzeigeobjekt, als Dokument gärtnerischen Fleißes und Könnens, oder als Etikett der Wohlhabenheit, wird angezweifelt, verliert seinen absoluten Wert, wird mehr nach seiner Benutzbarkeit und Naturähnlichkeit beurteilt. Eine andere Art Schönheit löst die der zwecklosen Exaktheit ab.

Rasentypen

Die Einteilung des Rasens nach dem Grad der Nützlichkeit richtet sich nach den vielerlei Arten des Gebrauchs. Wie »gebraucht« man Rasen? Beispielsweise um darauf zu liegen, zu gehen, zu laufen, zu turnen, Sport zu treiben, Autos abzustellen, um ihn anzuschauen. Man gebraucht ihn als Nahrungsplatz und Tummelfläche für Tiere. Dann die Feinunterscheidung: Wie oft und wie intensiv wird auf ihm gelegen? Welcher Sport wird betrieben, mit welcher Fußbekleidung, welchen Geräten, von wem und wie häufig? Welchen Tieren dient er und wie vielen? Schafen als Weide, Pferden als Koppel, Hühnern als Auslauf, Kaninchen, Hunden, Bienen oder wem auch sonst noch.

Es dürfte sich von selbst verstehen, daß jede andere Art und jede unterschiedliche Stärke der Nutzung eine andere Zusammensetzung des Saatguts verlangt. Rasen besteht nicht aus gleichförmigen »Rasenpflanzen«, auch

Hundert Blumenwiesen sehen hundertmal verschieden aus. Ja, eine einzige kann von einer Partie zur anderen ihre Blütentracht ändern. Hier am Schauinsland ist der Wiesenknöterich (Polygonum bistorta) tonangebend.

nicht aus der »Graspflanze« in tausendfacher Ausfertigung. Das sind zahllose, ganz verschiedene Gewächse, wie noch zu erläutern sein wird. Jedes einzelne von ihnen hat in einer bestimmten Umgebung, auf bestimmtem Boden und unter bestimmter Belichtung, seine besondere Stärke. Für die spezielle Stelle ausgewählt, erfüllt es seine Aufgabe besser als andere. So erschöpfen sich die Möglichkeiten, die ideale Mischung anzusäen, durchaus nicht in der Klassifizierung, die der Samenhandel anbietet: Zierrasen, Gebrauchsrasen, Strapazierrasen und Landschaftsrasen. Der Handel ist bereit und imstande, Rezepte nach Situations- und Bodenanalysen anzufertigen.

Was also ist Rasen wirklich? Rasen ist in der Regel eine ständig grüne, dichte Pflanzendecke, zusammengesetzt aus lebenden, ausdauernden, zweijährigen und einjährigen Blütenpflanzen und einjährigen und ausdauernden Gräsern, die alle Rückschnitt zu weitgehend beliebigen Zeiten sowie das Betreten dulden. Stauden zählen also dazu, Gehölze dagegen nicht, auch dann nicht, wenn sie kriechende Formen ausbilden. Dies ist eine großzügige Definition. Unterschiedliche Zusammensetzung des Saatgutes ermöglicht unterschiedliche Nutzung, unterschiedliche optische Wirkung und die Begrünung verschiedenartiger Standorte.

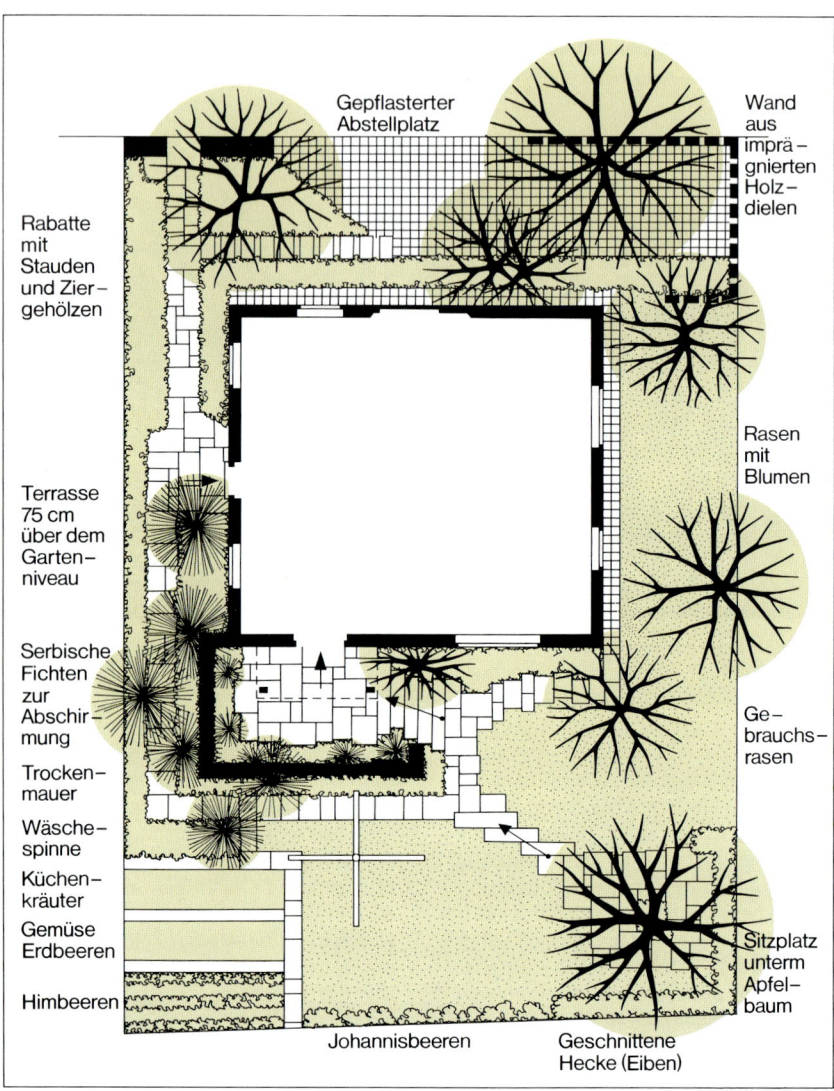

Rabatte
mit
Stauden
und Zier-
gehölzen

Terrasse
75 cm
über dem
Garten-
niveau

Serbische
Fichten
zur
Abschir-
mung

Trocken-
mauer

Wäsche-
spinne

Küchen-
kräuter

Gemüse
Erdbeeren

Himbeeren

Gepflasterter
Abstellplatz

Wand
aus
imprä-
gnierten
Holz-
dielen

Rasen
mit
Blumen

Ge-
brauchs-
rasen

Sitzplatz
unterm
Apfel-
baum

Johannisbeeren

Geschnittene
Hecke (Eiben)

Ein »normales« Grundstück: kaum 4 Ar messend, viel Vorgarten, viel Fläche auf den Seitenstreifen, dagegen aber ein recht sparsam bemessener Wohngartenteil. Trotzdem läßt sich eine sinnvolle Nutzung finden und eine Einteilung treffen, die die knappe Fläche aufs Beste nützt.

10

Im verfeinerten Sinn besteht Rasen aus ganz wenigen Grasarten bzw. -sorten, die speziell auf Kleinblättrigkeit, Kurzwüchsigkeit, Ausläuferbildung, geringen Fruchttrieb, sattgrüne Farbe in Sommer und Winter, Trittfestigkeit usw. gezüchtet und auf besonders vorbereiteten Bodenflächen ausgesät sind. Dazu sollen die Gräser Trockenheit, Schatten, häufigen kurzen Schnitt und die Bedrängung durch ihre Nachbarn ertragen. Sie sollen auch nicht anfällig gegen Krankheiten sein und nicht zu empfindlich gegen Böden, die von ihrem Idealtyp abweichen.

Auch die Wiese für Futterzwecke besteht nur aus wenigen Grasarten oder gar einer einzigen, aber ihre Pflanzen müssen nach gänzlich anderen Kriterien ausgewählt sein, die den Werten der Rasengräser oft völlig entgegengesetzt stehen. Wiese kann durch häufiges Mähen oder starke Beweidung (vor allem durch Schafe und Hühner) im Lauf der Zeit rasenähnlich, Rasen durch Nachlassen der Pflege wiesenähnlich werden.

Grob eingeteilt können Zierrasen, Gebrauchsrasen, d. h. »normaler« Gartenrasen, Spiel- und Sportrasen und Blumenwiese als Rasentypen unterschieden werden. Es sei vorausgesetzt, daß hier beim Vergleich der beiden Extremtypen Zierrasen und Blumenwiese beiden ihre Berechtigung belassen wird. Einer gerade modischen Meinung wegen soll nichts Ausschließlichkeit zugeschrieben bekommen, noch anderes gänzlich verdammt werden. Es kommt immer und überall darauf an, das Richtige für den richtigen Platz zu finden und zu wählen.

Wo welcher Rasen?

Der feine Teppichrasen

Über das ästhetische und architektonische Empfinden stellt er Ansprüche an den Standort. So kann er beispielsweise passen für
- geometrisch begrenzte kleine Flächen im Vorgarten,
- erweiterte, ebene Terrassenflächen im Wohngarten, die möglichst noch durch einen Pflasterstreifen, eine Mauer, ein Beet, einen Plattenweg oder irgendwie anders gegen die übrige Rasenfläche abgegrenzt sind,
- selbstverständlich auch für die gesamte nichtbepflanzte Fläche im Garten oder Park eines Liebhabers,
- für Zierflächen an wichtigen öffentlichen Gebäuden, Verwaltungsbauten u. a.,
- historische Gärten und Gartenteile.

Überall dient er ausschließlich zur Zierde. Er kann aber gleichzeitig auf abgegrenzten Flächen Aufgaben für Spiele (Rasenboccia, Bowling, Krikett) zugewiesen bekommen. Stets handelt es sich um besondere Situationen. Der Aufwand für die Vorbereitung des Bodens und die Pflege des Rasens müssen betrieben werden können.

Die Ansprüche sind vielfältig. Das Gelände sollte in der Regel eben, leicht geneigt oder sanft bewegt sein, seltener eine steile Böschung und stark ausgesetzte Hänge.

Die Besonnung ist nicht entscheidend, da auch für leichten bis mittleren Baumschatten geeignete Grassorten zur Verfügung stehen. Prinzipiell aber gilt: je mehr Licht, desto dichter der Rasen (brandheiße Stellen sind Grenzfälle). Im tiefen Schatten versagt jeder Rasen.

Die Bodenfeuchtigkeit ist entscheidend. Sie ist entweder mittels Entwäs-

Eine Wiese wäre in diesem Schloßgarten nur tragbar, wenn auch die Polyantharosen entfernt würden, aber selbst dann noch nicht richtig.

serung oder aber, bei Trockenheit, durch Wasserzufuhr auf das erforderliche Maß zu bringen.

Die Ansprüche an Bodenart und -qualität sind ebenfalls gewichtig. Der Boden für guten Zierrasen muß gut durchwurzelbar sein. Bei leichten Sand- und Moorböden ist für ausreichende Bewässerung aber auch ebenso wirksamen Wasserabzug Sorge zu tragen. Hier wäre vorteilhaft, Lehm beizumischen. Lehmböden in der Art des Löß und Schwemmböden sind ideal. Schwere Lehmböden, Mergel, Ton bedürfen der Auflockerung. Diese muß

dauerhaft wirksam sein, mechanische Lockerung allein genügt nicht. Es muß Humus, fein verteilt, bis in etwa 30 cm Tiefe beigemengt werden. Steinböden haben ausreichende Überdeckung nötig. Der pH-Wert muß im leicht sauren Bereich liegen.

Die Ansprüche an die Reinheit des Bodens sind um so höher, je feiner der Rasen sein soll. Jeder aus oberster Schicht stammende Saatboden enthält eine Vielzahl und Vielfalt von Unkrautwurzeln und -samen. Dabei ist zu bedenken, daß letztere oft über Jahre hinweg keimfähig bleiben und diese Fähigkeit auch ausnützen, also unberechenbar sind. Da es in den seltensten Fällen möglich ist, den Boden durch heißen Dampf oder mit chemischen Mitteln keimfrei zu machen, muß man sich anders behelfen. Der Boden soll, falls er angefahren werden muß, von unkrautfreien Äckern stammen. Trotzdem sind als erstes alle Wurzeln von Ampfer, Quecken, Winden, Löwenzahn usw. abzusammeln. Um dann noch sicherer zu gehen, kann die gesamte Fläche für ein Jahr mit *Phacelia* oder *Tropaeolum* (Kapuzinerkresse) o. ä. bedeckt und erst im folgenden Jahr mit Rasensamenmischung eingesät werden.

Wer will, kann Kartoffeln anbauen. Es wäre auch möglich, sozusagen zweimal Rasen zu säen, im ersten mit einem kurzlebigen Gras wie dem Einjährigen Weidelgras *(Lolium multiflorum)*. Eine solche Fläche müßte dann im Herbst ebenfalls umgegraben und im folgenden Frühjahr endgültig eingesät werden. Zwischendurch aufgehendes Unkraut ist freilich in jedem Fall zu beseitigen, ehe es erneut Samen ausstreuen kann, ebenso die unerwünschten Gräser. Dies sind einige der Voraussetzungen für die Anlage »feiner« Rasenflächen. Wirklich entscheidend ist der Wille, es so und nicht anders haben zu wollen, denn eine Vegetation dieser Art muß immer künstlich am Leben gehalten werden.

Sportrasen

Rasen für strapazierende Nutzung, vor allem durch Sportbetrieb hat je nach dem Grad, in dem er belastet wird, ebenfalls besondere Ansprüche an Boden und Standort. An der Spitze stehen Flächen für ganz spezifische Sportarten. Ein modernes, nach DIN und allen Fachregeln aufgebautes Fußballfeld ist

schon beinahe so unnatürlich und künstlich, wie ein »Rasen« aus Kunststoffgewebe. Es verlangt ein nach Vorschrift aufgebautes Substrat, erlesenes, ausgewähltes Saatgut und am Leben bleibt dieses Gebilde nur mittels künstlicher Ernährung. Hörte man plötzlich auf, es im festgelegten Rhythmus zu bewässern, zu düngen, zu walzen, zu belüften und zu mähen, es würde sich bald in eine dürftige Steppenvegetation umwandeln.

Die Nutzungsarten sind vielgestaltig. Es gibt Bowling, Golf, Ballspiele, Hunderennen, Pferdesport und Grasskilauf, alles auf Rasen. Vor allem sind Liegewiesen und Kinderspielplätze nötig. Daß eine ebene oder nur schwach geneigte Fläche in ausreichender Größe vorhanden ist oder geschaffen werden kann, ist die mindeste Voraussetzung. Sie ist nicht immer erfüllbar. Dieses Thema braucht aber nicht weiter verfolgt zu werden, da es die Belange des Hausgartens kaum berührt.

Der »normale« Gartenrasen

Er wird wohl überall dort angelegt wo man eine grüne Fläche besitzen möchte, die betreten und belegt werden kann und für deren Fortbestand die Bereitschaft besteht, einen maßvollen Aufwand zu treiben. Dies ist in der überwiegenden Mehrzahl der privaten Gärten, wie auch des öffentlichen Grüns der Fall. Dieser Rasen ist überall recht, wo nicht eine künstlerische Steigerung oder eine strenge Nutzung wie in den angesprochenen Fällen verlangt wird. Der Handel bietet dafür eine Auswahl vernünftig zusammengestellter Samenmischungen an. Die Rezepte sind für Sonne, leichten und starken Schatten, für magere und fettere Böden, für unterschiedliche Grün-Nuan-

Trollblume, Wiesenstorchschnabel und Lichtnelke zeigen den besonderen Standort an. Eine »Kopie« im Garten würde einen nicht zu mageren Boden und eine Feuchte verlangen, die das normale Maß merklich überschreitet.

cen und für sonstige Gegebenheiten bereitet.

Der Blumenrasen

Im Gegensatz zum normalen Gartenrasen paßt er beileibe nicht überall, falls man davon ausgeht, daß der Blumenanteil aus mehr als Gänseblümchen, Ehrenpreis, Weißklee oder Löwenzahn bestehen soll. Gemeint ist damit nämlich die blühende Mischung von Gräsern, Margeriten, Glockenblumen, Storchschnabel, Teufelskrallen, Nelken, Knöterich, Salbei usw. bis hin zu Krokus, Herbstzeitlosen und Lilien. Über diese blühende Wiese wird in einem eigenen Abschnitt auf Seite 84 noch ausgiebig zu sprechen sein. Erzielbar in irgendeiner Form wäre die blühende Wiese sicher überall, denn für jede Lage läßt sich eine passende Mischung zusammenstellen. Der Hauptgrund für das Nichtpassen ist die mangelnde Belastbarkeit: Der Blumenrasen läßt sich nur mit aller Behutsamkeit betreten. Er kann nur für ausgesparte Bezirke in größeren Rasenflächen empfohlen werden.

In kleinen Gärten nur dann, wenn diese keinem strapazierenden Nutzzweck zugedacht sind und die Empfindlichkeit dieser Pflanzengemeinschaft somit respektiert wird, oder wenn nur die eingelegten oder getretenen Pfade benützt werden. Möglicherweise wäre es hier besser, sich die gewünschten Blumen in einem Staudenbeet zusammenzupflanzen. Andererseits vermag aber auch ein bescheiden kleiner Wiesenplatz mit Gänseblümchen, Margeriten, Frühlingsfingerkraut, Braunellen und Salbei bereits einen Teil manch' schwärmerischer Vorstellung von der Blumenwiese zu erfüllen.

Rasen und Wiese anlegen

Vorüberlegungen

Jeder Arbeit sollten Überlegungen vorausgehen. Auch vor dem Rasensäen muß gründlich geplant werden und zwar nicht nur mit der Absicht, Schönes, sondern durchaus auch Zweckmäßiges zu schaffen. Die passende Mischung ist bereits angesprochen, nun geht es um ihre Anwendung. Neben der Nutzung ist im Vorblick nicht minder über die Pflege nachzudenken. Hier summieren sich später erschwerende und zeitraubende Handgriffe auf Dauer. Bei jedem Mähen wiederholt sich der Ärger über Hindernisse, Löcher, Kanten, Engstellen und Absätze. Was kann vermieden werden? Da sind Teilflächen, zu denen man die Maschine hintragen muß, Bäume, Sträucher, Pfosten, die besser anderswo säßen, da sind Kiesschüttungen und Kanten. Zu den besonders wirksamen Mähmaschinenmesser-Mördern gehören die nichtauszurottenden, in beharrlicher Gedankenlosigkeit an den Hauswänden angeschütteten Kieselsteinstreifen. Unmöglich, das Gras, das in sie hineinwächst, ohne Ärger kurzzuschneiden. Auch Kantensteine, die die Streifen abgrenzen, helfen nicht viel, denn der Kies bewächst doch und die Steine liegen immer wieder einmal im Rasen verstreut.

Die meiste Zeit bei der Rasenpflege kostet nicht das Mähen, sondern das Kantenschneiden und Schnippseln. Sicher soll nun nicht jeder zweite Baum und jeder Pfosten im Rasen als uner-

Das Kantenschneiden ist sehr zeitaufwendig.

wünschtes Hindernis angesehen und deswegen vermieden werden. Doch vielleicht läßt sich eine kleine Pflanzengruppe an den einen oder andern Baum fügen und die Einsteckhülse für die Wäschespinne bodeneben und nicht herausragend einbauen.

Wege im Rasen brauchen keine Randsteine. Als Bodenplatten liegen sie planeben mit der Rasenfläche, genauso, wie Lichtschächte, Schachtdeckel und andere Einbauten. Staudenpflanzungen kann man nicht immer und überall durch einen Plattenweg vom Rasen abtrennen, vor allem auf stark geneigtem Gelände nicht. Wo es jedoch möglich ist und gut aussieht, verhelfen Platten zu einer angenehmen und nützlichen Trennung.

Man wird zudem die Staudenflächen nicht zu sehr verzetteln, sondern überlegt zusammenfassen. Auch gibt es

Stauden für die Randlage, die das Vordringen der Rasengräser ins Beet abwehren und andere, die dem Rasen entgegenwuchern und deren Vorhut dann ruhig auch einmal unter die Messer des Mähers geraten darf. Ständig zu stechende Kanten sollten entbehrlich sein.

Arbeit mit dem Boden

Schon vor aller Arbeit mit dem Boden überhaupt ist vieles zu bedenken, besonders, wenn sie mit Abtrag und Auffüllung verbunden ist, wie beim Hausbau. Dabei wird sie in mehreren, mit Unterbrechungen aufeinander folgenden Etappen durchgeführt. Der Humusabhub und seine Lagerung an geschützter Stelle, das Rohplanieren des Untergrundes und schließlich das Humusauftragen und Feinplanieren.

Bodensicherung

Vor Beginn jeder Grabung ist der Mutterboden sicherzustellen. Das muß so weitflächig wie möglich geschehen. Es lohnt sich! Abzuheben ist nicht nur die Fläche, die das Haus einnehmen wird, sondern alles, was in den Bereich von Abhub und Auftrag, von Zufahrt, Vorplatz und Baumateriallager kommt. Bei kleinen Grundstücken mag das die gesamte Fläche, bei größeren die zwei- bis dreifache Grundfläche des Hauses ausmachen.

Es ist verwunderlich und erschreckend, daß mit dem vorhandenen Boden immer noch so großzügig und nachlässig umgegangen wird. Offenbar ist sein Wert in Vergessenheit geraten und nicht wieder neu erkannt. Die großen Baumaschinen richten viel Zerstörung an, ermöglichen allerdings auch

Phacelia tanacetifolia, das Büschelschön, Freude der Imker, Wohltäterin für den Boden. Die Pflanze keimt schnell, Feuchtigkeit und Wärme vorausgesetzt.

die Wiederbeschaffung von weither. Ob diese dann auch billiger ist, das ist anzuzweifeln. Daß der vorhandene Boden eine sorgsame Behandlung lohnt, ist fast immer mit Sicherheit anzunehmen.

Der Mutterboden soll in einer Tiefe abgehoben oder abgegraben werden, in der er vom vorhandenen Gras durchwurzelt ist. Das sind in der Regel etwa 30 cm. Bei schlechten Bodenverhältnissen weniger, bei guten mehr. Der abgehobene Boden kommt auf einen Haufen, dessen Oberflächen zu ebnen sind (Miete). Auch diese geringe Mühe, das Glätten der Flächen, lohnt sich.

Nun läßt sich das Humuslager nämlich leicht unkrautfrei halten. Entweder wird es über die Lagerzeit mit einer normalen Rasenmischung eingesät, die dann auch zu mähen ist, oder man bepflanzt es – mit Kürbis, Gurken, Tomaten, Kartoffeln oder sonstigem Gemüse. Besser ist es noch, eine Gründüngermischung, die zu kaufen ist, oder eine Reinsaat von *Phacelia*, Gelbsenf, Ölrettich o. ä. einzusäen. Das ist gut für den Boden. Durch die Beschattung erhält er Gare, die Durchwurzelung lockert ihn, vor allem aber wird das Unkraut zurückgehalten. Die am Hausbau beschäftigten Firmen haben die Neigung, auf dem vorhandenen Bodenlager alles abzukippen und zu lagern, was dort nicht hingehört. Das fängt mit dem tieferen Erdaushub an und geht über Betonreste, Stein- und Holzabfall bis hin zu Nägeln, Packmaterial und Scherben aller Art. Ehe es dann auch noch mit Betonbrühe und sonstigen unzuträglichen Flüssigkeiten getränkt wird, sollte man sich wehren. Deshalb ist es wichtig, das Lager gleich von vornherein außerhalb des Geschehens zu setzen, es in eine geordnete Form zu bringen, zu verwahren und manchmal nach ihm zu sehen.

Rohplanieren und Bodenauftrag
Ist der Hausrohbau vollzogen, wird zuerst aufgeräumt, was so alles herumliegt. Nichtmineralische, unverrottbare Reste werden für die Müllabfuhr aussortiert. Kies, Steinbrocken und Backsteinscherben kommen dorthin, wo keine Bäume gepflanzt werden, oder sehr in die Tiefe, am vorteilhaftesten unter spätere Weg- und Terrassenflächen. Sodann wird die Erde des tieferen Aushubes verteilt. Mit ihr wird nun schon die Umgebung in die endgültige Form gebracht, nur um die Stärke des beabsichtigten Mutterbodenauftrags tiefer.

Diese Arbeiten gehen allen anderen im Garten voran, es sei denn, größere Mauern müßten errichtet werden. Dem Rohplanieren folgen die Arbeiten an Wegen und Terrassen. Sind auch diese abgeschlossen, kommt der Gartenboden zurück und an seinen neuen Platz. Trägt man ihn selber auf mit Spaten, Schaufel und Schubkarre, kann nicht viel Übles geschehen. Es kommt nämlich darauf an, die Erde locker anzuschütten. Sie soll nicht in nassem Zustand bearbeitet und nicht durch Darüberhinwegfahren verdichtet und zusammengedrückt werden.

In dieser Hinsicht wird beim Auftragen mittels Maschinen oft viel verdorben. Auch von Fachfirmen, die eben ihr Arbeitspensum schaffen müssen, ohne allzuviel Rücksicht auf die gerade bestehende Bodenfeuchtigkeit nehmen zu können oder manchmal auch zu wollen. Oft weiß der Mann auf dem Planiergerät nicht viel von dem entscheidenden Schaden, den er anrichtet, wenn er mit der schweren Maschine über den frisch aufgetragenen oder vorhandenen nassen Boden fährt.

Solche Verdichtungen lösen sich möglicherweise jahre-, wenn nicht jahrzehntelang nicht wieder auf. Unzählige Generationen von Regenwürmern und Tausende von Baumwurzeln müssen bohren, bis wieder Luft und Wasser die dichten Zonen durchdringen können. Ohne Lockerung durch Frost ist fast nichts zu erhoffen, der aber dringt nicht tief genug ein. Dies gilt für lehmigen Boden; wer Sandboden besitzt, kann sich da eher leichte Nachlässigkeiten leisten.

Es kann gar nicht oft genug betont werden: Verdichtungen in ganz normalen Lehmböden können diesen weitgehend verderben, sie können dazu führen, daß neugepflanzte Bäume in ihren Pflanzgruben ersaufen und daß im Rasen ausgefaulte versauerte Stellen entstehen. Das Übel ist auch durch nachträglich eingezogene Draingräben nur mangelhaft zu beheben.

Die grobe Bodenvorbereitung sollte, wenn irgend möglich, im Herbst geschehen. Daraufhin kann die grobschollig liegende Erde im Winter durchfrieren und stärker aufgefüllte Stellen haben mehr Zeit, um sich zu setzen. Wer sich so viel Zeit leisten kann, wird vielleicht sogar im kommenden Frühjahr den im Boden liegenden Unkrautsamen keimen lassen, die aufgehenden Unkräuter laufend beseitigen und den Rasen erst im folgenden Herbst einsäen. Zumeist ist es nach der Fertigstellung des Hauses eiliger und man will auch den Garten gleich fertig haben, wenn die Wohnung bezogen ist.

Entwässerung

Falls eine Untergrundentwässerung (Drainung) für nötig gehalten wird, ist diese selbstredend auch im rohplanierten Gelände einzubauen. Sie kann flächenhaft wenigstens 50 cm unter der künftigen Oberfläche angelegt sein oder in der allgemein üblichen Form

mit Sammelsträngen und den fischgrätartig auf sie zulaufenden Saugsträngen. Der Sammelstrang wird in den meisten Fällen an die Kanalisation angeschlossen. Oft ist es auch möglich, das gesammelte Wasser einer Sickergrube zuzuleiten oder am tiefer gelegenen Ende des Grundstücks wieder ins Freie zu entlassen.

Die noch vor wenigen Jahren ausschließlich verlegten Tonröhren sind heutzutage durch biegsame PVC Stränge ersetzt. Diese wiegen weniger und können mit weniger Mühe unkompliziert eingelegt werden. Für die Seitenzweige der Entwässerungsanlage, die »Saugstränge« ist ein Rohrdurchmesser von 5 cm oder etwas mehr angebracht. Die »Sammler« messen in diesen Verhältnissen bis zu 10 cm.

Die Röhren sind in Drainkies einzubetten. Sie liegen ungefähr 50 cm tief mit Gefälle zur Abflußrichtung. Je länger also der Strang ist, desto tiefer wird der Graben am Ende sein, falls das Ge-

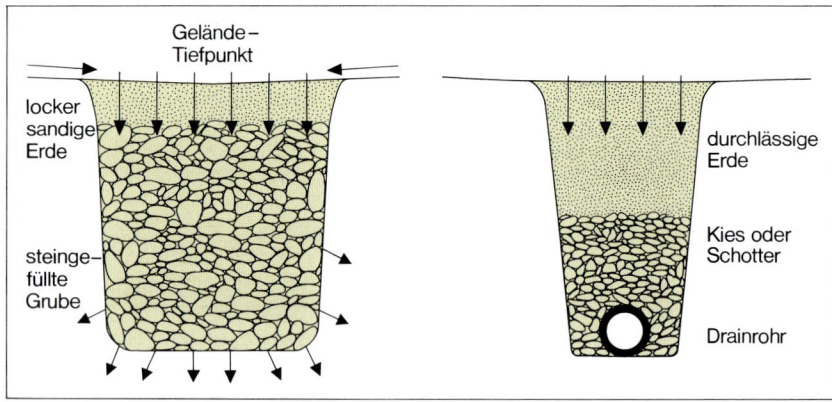

Im Kiesboden ist die Sickergrube unnötig, in Tonboden nur von begrenzter Wirkung. Der Boden, der sie umgibt, muß fähig sein, Wasser aus ihr langsam aufzunehmen. Je weniger er das vermag, desto größer soll die Grube sein. Die Mündung des Drainrohres ist am oberen Rand der Steinfüllung zu denken.

Wie wohleingebettet wirkt doch dieser Rasenfleck in seiner von Stauden und schönen Gehölzen besetzten Umgebung!

lände nicht selbst eine Neigung auf-weist. Für das Längsgefälle genügen wenige Promille. Die in die Gräben ein-gefüllte Erde muß kräftig gestampft (verdichtet) werden. Wird dies ver-säumt oder unzulänglich ausgeführt, sackt sie später noch nach und hinter-läßt noch nach langer Zeit Gräben in der Fläche.

Der Gartenplan

Rechtzeitig und schon lange vor Beginn aller Erdarbeiten hat man sich nicht nur überlegt, welche Art Rasen man haben möchte, sondern auch, wie der Garten insgesamt einzuteilen ist. Es muß ent-schieden werden, wie groß die Rasen-fläche überhaupt sein und welche Form sie erhalten soll, wohin der Nutzgarten, Beerensträucher und Obstbäume, der Wäschetrockenplatz, die Spielfläche,

die Stauden- und Sommerblumen-beete, Hecken und Sträucher kommen sollen. Es ist zu überlegen, ob man ein Wasserbecken haben möchte, wie groß die Terrasse sein soll und wie die Wege zu führen sind.

Ungünstig zugeschnittene Grund-stücke lassen sich durch geschickte Be-messung der Rasenfläche zum Vorteil gliedern. Ein »Handtuchgrundstück« bietet sich an zu einer Querteilung, vielleicht auch mittels unterschiedlicher Rasenformen. Ob die Rasenbegren-zung in gerader Linie und mit recht-winkligen Ecken oder in geschwunge-ner Form verläuft, hängt davon ab, ob man seinen Garten in strenger oder freier Form angelegt sehen will. Diese Festlegung ist auch verknüpft mit dem Baustil des Hauses. Von modischen Ein-flüssen läßt man sich, wie immer bei

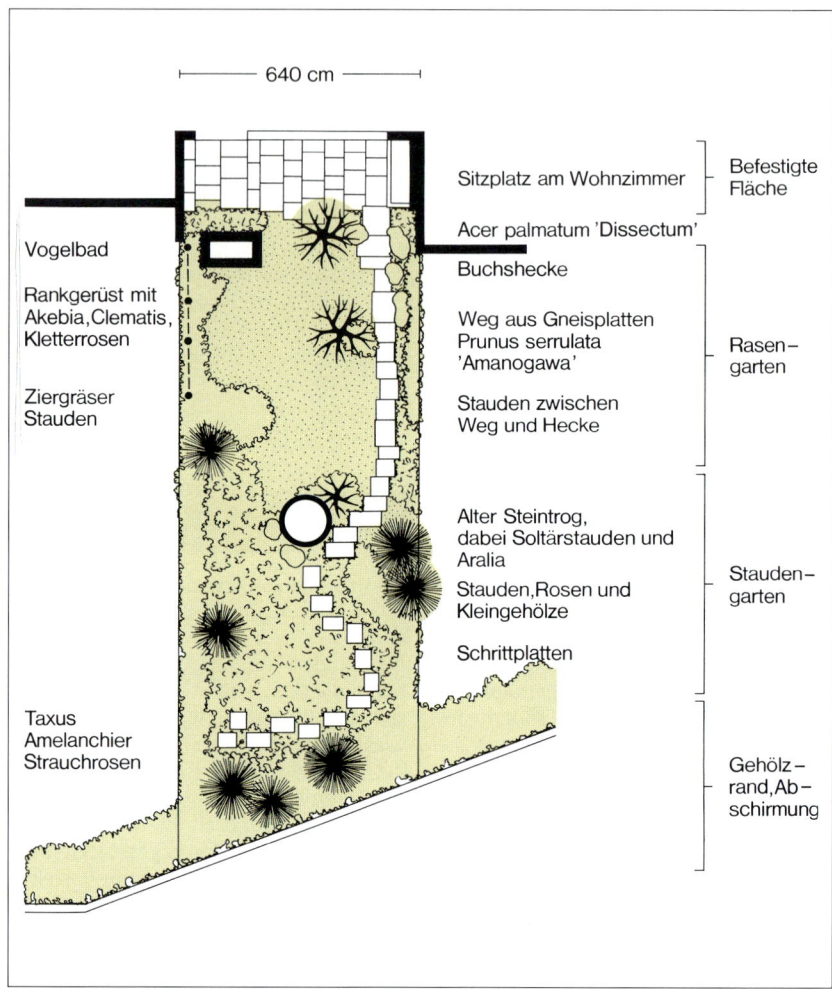

640 cm

Sitzplatz am Wohnzimmer — Befestigte Fläche

Acer palmatum 'Dissectum'

Vogelbad

Buchshecke

Rankgerüst mit Akebia, Clematis, Kletterrosen

Weg aus Gneisplatten Prunus serrulata 'Amanogawa' — Rasengarten

Ziergräser Stauden

Stauden zwischen Weg und Hecke

Alter Steintrog, dabei Soltärstauden und Aralia — Staudengarten

Stauden, Rosen und Kleingehölze

Schrittplatten

Taxus Amelanchier Strauchrosen

Gehölzrand, Abschirmung

Ein »Handtuchgarten« zu einem Reihenhaus. Die Gliederung in der Länge schafft reichhaltige Erlebnisstufen, der Rasen findet eine harmonische Proportion. Die Vielfalt an Pflanzen, die dieser Garten aufnimmt, ohne überladen zu werden, läßt staunen. Wie »groß« ein Rasenfleck wirken kann, zeigt das Bild auf Seite 19, hier aufgenommen.

langlebigen Dingen, auch bei dieser Entscheidung am besten nicht beeinflussen.

Feinplanieren und Bodenverbesserung
Die Vorbereitung zur Rasensaat setzt sich fort mit dem Feinplanieren des aufgetragenen Bodens. Dieses muß nicht unmittelbar anschließen. Es hängt von der Jahreszeit ab. Ist der Mutterboden im Oktober oder noch später aufgetragen, bleibt er vorteilhafterweise über den Winter grob liegen, der Frost macht ihn dann schon krümelig. Möglicherweise genügt dann im Frühjahr der Rechen als nächstes Gerät, um die Saatfläche fein zu ebnen. (In der Regel wird der Dreizack angewendet, wenn nicht die Gartenfräse.) Die Planierarbeit verlangt Augenmaß und Sorgfalt, ohne Zweifel auch einige Übung, denn Hügel oder Höcker darf die fertige Fläche nicht mehr aufweisen. Sie muß eben und feinkrümelig liegen.

Während der Arbeit fördert der Rechen immer wieder grobe Erdstücke. Diese werden auf einen Platz gebracht, der nicht eingesät werden muß. Dort können sie in Ruhe zerfallen. Wenn sie nicht allzugrob sind, kann man sie in einer Rinne zusammenziehen und wieder mit feinem Boden bedecken. Steine, Scherben, Holzstückchen, Wurzeln usw. sind abzusammeln. Alle Wurzeln von Wollfadendicke aufwärts, besonders, wenn sie weiß sind, sind verdächtig. Löwenzahn, Quecken, Ackerwinden z. B. müssen sorgsam aufgelesen und aus dem Boden gelöst werden. Am besten sammelt man alle Wurzeln, auch diejenigen solcher Pflanzen, die sich im Rasen nicht durchsetzen können, wie der Geißfuß. Eine Bodenverbesserung wird während dem

Auftragen vorgenommen, die Düngung mit der Einsaat. »Verbessert« werden können Böden mit einseitiger Beschaffenheit. Besonders schwere oder besonders leichte verbessert man mit dem, was fehlt, z. B. Tonböden mit Sand, sehr leichte Böden mit Lehm, Mergel o. ä. Der Sand magert den fetten Boden zwar ab, macht ihn aber durchlässiger für Feuchtigkeit, Luft und Wurzeln. Lehm, in Sandboden gemischt, reichert diesen an, erhöht die Wasserhaltefähigkeit und den Mineralgehalt.

Torf, in Sandböden gebracht, ist unsinnig. Auch im Lehm ist er nur von vergänglicher Wirkung. Man staunt, wenn man sieht, wie schnell er wieder verschwunden ist, aufgelöst in nichts. Freilich ist seine vorübergehende Wirkung sehr segensreich, deswegen ist er im Gemüsebau, bei allen Pflanzungen, überhaupt im ganzen Gartenbau (noch) nicht zu entbehren. Für die Rasenbodenverbesserung aber ist er, von Ausnahmen abgesehen, eigentlich zu schade. Hier muß der Markt aufmerksam beobachtet werden, denn es werden ständig neue und immer bessere Produkte aus den Rohstoffen Baumrinde, Stroh und Müll (in Müllkompostwerken umgewandelt) angeboten. Sowohl deren Qualität als ihr Preis werden sich bald auf einer Ebene einpendeln, die der Torf bisher einnimmt. Stellenweise können synthetische Lockerungsmaterialien wie Hygromull oder Hygropor den Torf ersetzen; ersteres in leichten, letzteres in schwereren Böden.

Sie haben eine gute Dauerwirkung, da sie sich praktisch nicht zersetzen.

Ist der vorhandene Boden wirklich ungeeignet, so muß passender angefahren werden. Aber Vorsicht! Nicht jede Bodenart paßt in jede Gartenlage.

Der beste Schwemmlandboden, auf einen sonnenheißen Hang gebracht, kann völlig versagen. Das muß nicht gerade in einer regenarmen Klimazone sein, schon während einer normalen Trockenperiode kann er überall zu Staub ausdorren, wo er nicht vom Grundwasser her mitversorgt wird. Man lasse sich nicht von der dunklen Farbe allein verleiten.

Als Grunddüngung dient Volldünger entweder in organischer Form als angereicherte Hornspan- und Knochenschrot-Trockenblutgemische oder in anorganischer Form, z. B. als Nitrophoska (Blaukorn = erhöhter Stickstoffanteil). Dünger mit Langzeitwirkung, wie Floranid, haben besondere Vorteile. Angewendet werden hiervon etwa 50 g/m². Wer kann, läßt den Säurewert des Bodens feststellen und paßt ihm die Düngerart und, wenn er solche verwendet, die Torfgabe an. Der günstigste Wert für Rasen liegt zwischen pH 5,5 und 7,0. Ideal ist Humusdünger, d. h. gut aufbereiteter Kompost. Wohl dem, der genügend davon zur Verfügung hat.

Gründüngung

Wartezeiten in den Sommermonaten lassen sich übrigens in sehr nutzbringender Weise dadurch überbrücken, daß eine Gründüngung eingebracht wird. Durch diese Methode erfährt der Boden eine spürbare Verbesserung. Die Gründüngepflanzen wirken vierfach vorteilhaft auf den Boden: Sie durchwurzeln und lockern ihn, durch Beschattung erzeugen sie Bodengare, Unkräutern wird das ungezügelte Überhandnehmen verwehrt und schließlich verbessern die eingegrabenen oder eingefrästen Pflanzenreste den Boden. Kleearten steuern sogar noch etwas

bei, indem sie dem Boden einen Anteil an dem selbst gesammelten Stickstoff überlassen.

Für eine Gründüngung führen die Samenfachgeschäfte Mischungen verschiedener Samen, die z. B. wie folgt zusammengesetzt sein können.

---

65 % Einjährige Lupine
30 % Sommerwicke
 3 % Sommerraps
 2 % Gelbsenf

---

oder

---

50 % Sommerwicke
32 % Einjährige Lupine
 5 % Alexandrinerklee
 5 % Seradella
 3 % Gelbsenf
 3 % Ölrettich
 2 % Phacelia

Die Bestandteile der Mischungen können auch einzeln angewendet werden. Dabei kommen, wenn *Phacelia*, Ölrettich, Gelbsenf oder Alexandrinerklee gewählt werden, auch die Bienen noch zu einer hochwillkommenen Nahrungsquelle in nektararmer Jahreszeit. Einige Pflanzen, vor allem *Phacelia*, bilden Samen, der ausfällt und im kommenden Frühjahr mit dem Gras keimt. Abgemäht sterben die Pflanzen aber alsbald endgültig ab.

Hohe Qualitäten für die Bodenverbesserung darf sich die Kapuzinerkresse *(Tropaeolum)* zuschreiben lassen. Sie vermag durch ihren dicht wuchernden Wuchs sogar Quecken zu ersticken. Damit sie sich schnell auch in weniger gutem Boden entwickeln kann, hilft man ihr mit einer Düngergabe nach.

Saatgut

Die Auswahl des Saatgutes birgt kein Problem. Gute Samenfachgeschäfte bieten für jeden Boden und für jede Beanspruchung die passende Mischung an. Ausläufertreibende und horstbildende Zuchtsorten von Gräsern sorgen für intensive Verdichtung des Rasenfilzes, schnellkeimende für eine alsbaldige Begrünung, feinblättrige für ein samtiges Aussehen, wintergrüne lassen den Rasen auch in der kalten Jahreszeit unverblichen erscheinen.

Bei billigen Kleinpackungen, die hier und da zum Kauf ausliegen, ist Vorsicht geboten, auch wenn die Gartenszenen auf den Schachteln und Säckchen noch so saftig-üppig und lieblich dargestellt sind und der Preis noch so günstig erscheint. Man ist besser bedient, wenn man nicht die allerbilligste Mischung des Angebots nimmt und zum Fachhandel geht. Dort kann man nach Katalog bestellen oder sich ein Rezept ausarbeiten lassen. Das Geld, das hier mehr aufzuwenden ist, kann schon bei einer sparsameren und sorgfältigeren Aussaat zum Teil wieder zurückgewonnen werden, denn die »guten« Rasengräser haben feinere Samen. Von ihnen gehen viel mehr auf 1 g, als von den derben Gräsern.

Mehr als 20 g/m² anzusäen, ist zumeist Luxus. Es kann sogar schädlich sein, da sich im dichteren Filz des aufgehenden Grases um so eher ein Pilz ansiedelt. Das normale Maß liegt bei 15 bis 20 g. Vor allem die Mischungen, die einen größeren Anteil an Straußgräsern enthalten, sind außerordentlich kornreich. 17 000 Straußgrassamenkörner wiegen nur 1 g! Beim Deutschen Weidelgras dagegen bringen bereits 500 dasselbe Gewicht auf die Waage.

Kapuzinerkresse (Tropaeolum majus) verleiht dem im Frühjahr frischplanierten Garten tropische Üppigkeit.

Rasengräser

Die nachfolgende Liste will keine botanischen Spezialkenntnisse vermitteln. Sie ist auf einige wesentliche Grundaussagen beschränkt. Da man beim Zusammenstellen bzw. der Auswahl der angebotenen Mischungen und beim Kauf nie von allerlei Namen verschont bleibt, kann es nicht schaden, die wichtigsten kennenzulernen und ein wenig über die Eigenschaften der Gräser, die sie tragen, zu erfahren. Was erwarten wir von einem »guten« Rasengras?

– Es soll das Betreten – auch häufiges – ertragen und sich nach starker Abnutzung wieder regenerieren.
– Es soll schnell keimen, gleichmäßig und dicht wachsen, möglichst mit schmalen, kurzen Blättern.
– Es soll eine angenehme grüne Farbe zeigen und zwar nicht nur im Sommer, sondern auch im Winter.
– Es soll sich nicht verdrängen lassen, gleichzeitig aber auch nicht die wert-

23

Kammgras (Cynosurus cristatus)

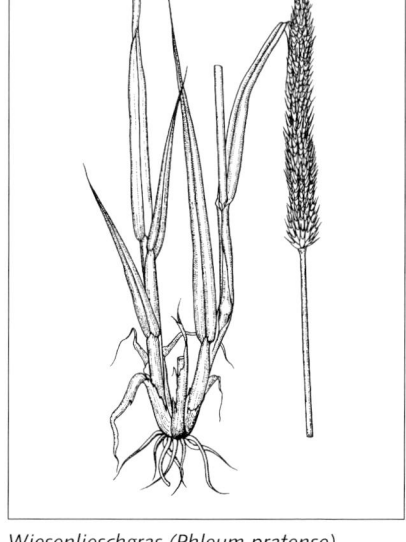

Wiesenlieschgras (Phleum pratense)

vollen Nachbarn erdrücken.
- Es soll bei Trockenheit nicht gleich ausdorren und möglichst etwas Schatten dulden.
- Es soll viele Blätter treiben, aber im Blühen sparsam sein.
- Es soll häufiges Mähen überstehen, ohne Schaden zu leiden, oder, noch besser, das Mähen gar nicht nötig haben.
- Es soll schließlich mit unterschiedlichen Böden vorlieb nehmen und zu allem noch so kerngesund sein, daß Krankheiten ihm nichts anhaben können.

Das ist eine lange Wunschliste. Niemand kann erwarten, daß ein einziges Gras so viele gute Eigenschaften in sich vereinigt. So werden eben die wertvollen Fähigkeiten vieler zusammenge-

nommen und die Samen verschiedener Gräser gemischt. Es entstehen Mischungen in großer Zahl für die unterschiedlichsten Böden, Klimaeinflüsse und Nutzungen.

Die wichtigsten Rasengräser sind
- mehrere Arten Straußgras (Agrostis),
- mehrere Arten Schwingel (Festuca),
- mehrere Arten Rispengras (Poa),
- eines der Weidelgrasarten, das Deutsche Weidelgras (Lolium perenne),
- Kammgras (Cynosurus cristatus),
- selten das Lieschgras (Phleum) mehrere Arten.

Rechte Seite
Oben: Hundsstraußgras (Agrostis canina).
Unten links: Rotes Straußgras (Agrostis tenuis),
unten rechts: Flechtstraußgras (Agrostis stolonifera).

Straußgräser
Gemeines oder Rotes Straußgras
(Agrostis tenuis)
Eines der am meisten verwendeten
Gräser. Es ist unempfindlich gegen unterschiedliche Witterungseinflüsse und
nicht wählerisch hinsichtlich des Bodens. Es gedeiht auch auf armem Boden und in größeren Höhenlagen. Es
duldet etwas Schatten. Mit unterirdischen Ausläufern breitet es sich aus,
bildet aber dennoch dichte Horste.
Seine feinen Blätter und der kompakte
Wuchs, beide zusammen mit den übrigen genannten Eigenschaften begrün-
den seine Unentbehrlichkeit. Eine Anzahl gezüchteter Sorten verfeinern die
Anwendbarkeit noch weiter. Es ist dadurch den meisten anderen Gräsern
überlegen und es nimmt nicht wunder,
daß es schwächere Arten verdrängen
kann. Ob dies in jedem Fall als Nachteil

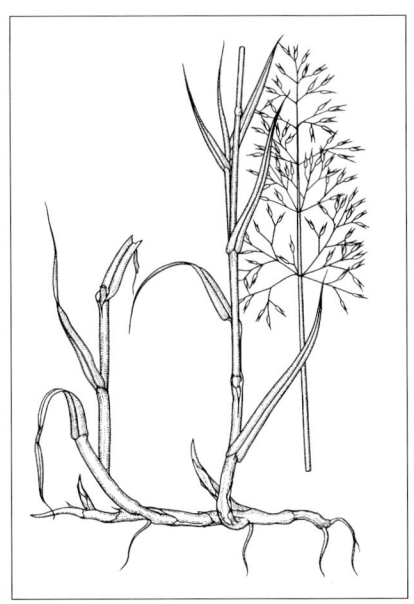

angesehen werden muß, ist die Frage. Sein Samen ist, wie auch der der anderen Straußgräser sehr fein. Um sich zu entwickeln, braucht es längere Zeit als andere Gräser. Mischungen gleichen diesen Nachteil aus.

Hundsstraußgras *(Agrostis canina)* Es teilt die guten Eigenschaften des vorgenannten, hat aber zusätzliche Stärken in feuchten, sauren Böden. Trotzdem verträgt es auch Trockenheit. Es treibt Ausläufer in großer Menge und kann mit deren Hilfe für Pflanzrasen verwendet werden.

Flechtstraußgras *(Agrostis stolonifera)*
Die Blätter sind weniger fein als die der beiden zuvor genannten Arten. Es wird daher im Zierrasen nicht, dagegen aber im Gebrauchs- und im Sportrasen verwendet.

Schwingelgräser
Rotschwingel *(Festuca rubra)* und Schafschwingel *(Festuca ovina)*
Die beiden vielverwendeten Schwingelarten unterscheiden sich in ihrem Aussehen nur geringfügig. Innerhalb der Art weisen sie aber unterschiedliche Qualitäten auf, so daß jede noch in Unterarten gegliedert wurde: Horstrotschwingel und Ausläufertreibender Rotschwingel, Härtlicher Schwingel, Gemeiner Schwingel und Walliser Schwingel. Die Unterscheidungen sind für den Laien belanglos, da sie mehr für Sonderfälle in Betracht kommen. So verträgt der Gemeine Schafschwingel *(Festuca ovina* ssp. *vulgaris)* öfteren

Oben: Horstrotschwingel (Festuca rubra commutata).
Unten: Schafschwingel (Festuca ovina).

Schnitt nicht gut und verlangt sauren Boden (keinen Kalk!), was ihn vom Härtlichen Schwingel *(Festuca ovina ssp. duriuscula)* erheblich unterscheidet. Der allgemein wichtigste Schafschwingel ist der Feinblättrige Schwingel oder Haarschwingel *(Festuca ovina ssp. capillata).* Er wächst leicht, gedeiht auch auf sauren Sandböden und trägt sehr feine, borstenartige Blätter.

Über die Unterschiede zwischen Horstrotschwingel und Ausläufertreibendem Rotschwingel sagt bereits der Name etwas aus. Die Rotschwingel sind sehr wichtige Rasengräser, zum Mischen sehr geeignet. Als Partner des Straußgrases müssen sie dessen Verdrängungskraft aber manchmal nachgeben. Sie bilden schnell einen Rasen und gedeihen überall, wie schon erwähnt auch auf Sandböden und in hohen Lagen. Sie ertragen Trockenheit und Kälte und verlieren ihr Grün auch im Winter nicht. Ihre Samenkörner sind wesentlich größer, als die der Straußgräser aber immerhin sind noch 900 bis 2000 davon nötig um 1 g aufzuwiegen.

Rispengräser

Wiesenrispe *(Poa pratensis)*, Gemeines Rispengras *(Poa trivialis)* und Hainrispengras *(Poa nemoralis)*

Von den Rispengräsern ist die erstgenannte die am häufigsten gebrauchte. Allerdings ist dieses Gras wegen seiner breiten Blätter in Zierrasenflächen fehl am Platz. Um so mehr eignet es sich für Gebrauchsrasen, da es außerordentlich strapazierfähig ist. Es keimt auch schnell.

Oben: Gemeines Rispengras (Poa trivialis).
Unten: Wiesenrispengras (Poa pratensis).

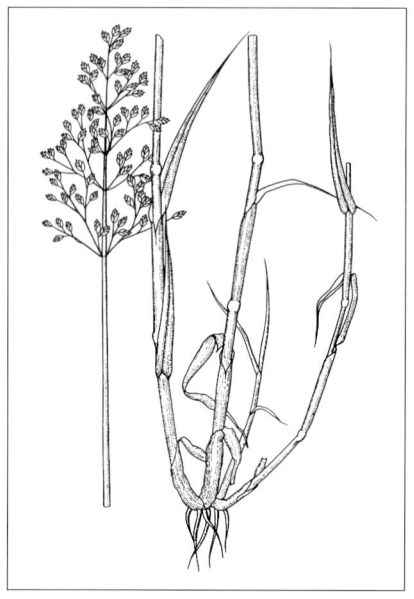

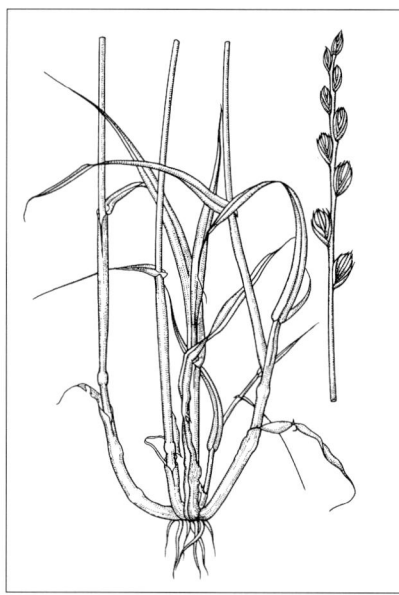

Die Hainrispe *(Poa nemoralis)* ist in schattigen Lagen nicht zu entbehren. Ein weiteres Rispengras, das Einjährige *(Poa annua)*, ist zumeist sehr unbeliebt, da es sich überall störend einnistet und ständig an Stellen wächst, an denen man es nicht haben will. Viel betretene Hofplätze in ländlicher Lage kann es aber sehr vorteilhaft begrünen. Einmal vorhanden, verschwindet es nicht so ohne weiteres wieder, wenngleich es sowohl bei Dürre als auch alljährlich im Winter abstirbt, denn innerhalb kürzester Frist hat es längst für reichliche Mengen keimfähiger Samen gesorgt.

Oben rechts: Hainrispengras (Poa nemoralis),
links: Einjähriges Rispengras (Poa annua).
Unten: Weidelgras (Lolium perenne).

Weidelgräser
Deutsches Weidelgras
(Lolium perenne)
Es wird in größter Menge in Mischungen ausgesät und ist unentbehrlich. Feine Rasenmischungen würden allerdings durch seine breiten Blätter gestört. Auf diese Weise ist es ein markantes Merkzeichen der Rasensamenmischungen. Manchmal dient es geradezu für eine erste Grobeinteilung, Mischungen als solche »ohne«, oder »mit Weidelgras« zu bezeichnen. Die Aussage »Ohne Weidelgras« gibt freilich auch nur dann einen Hinweis auf Qualität, wenn statt des fehlenden Weidelgrases nicht etwa andere großblättrige Arten beigemengt sind. Die Qualität bestimmen die vorhandenen Arten und Sorten und nicht die fehlenden.

So werden als Zierrasen nur weidelgrasfreie Mischungen verwendet, in fast allen für Gebrauchsrasen gedachten ist es dagegen zu einem mitunter erheblichen Prozentsatz enthalten. Sehr vorteilhaft ist das rasche Keimen des Weidelgrases, zudem hat sein Rasen ein angenehmes Grün. Der junge Rasen ist nach dem Aufgehen schnell betretbar. Durch den Vorsprung in seiner Entwicklung kann das Weidelgras die feinen Gräser, die langsamer keimen, unterdrücken und ersticken. Es darf deswegen dem Saatgut nicht in überwiegender Menge beigegeben sein und dieses nicht zu dicht ausgesät werden.

Sein naher Verwandter, das Italienische oder Welsche Weidelgras, ist noch gröber, noch schneller im Keimen aber nicht winterhart. Es kann bei späten Aussaaten beigeben werden. Die Feingräser können mit ihm zwar keimen, dürfen sich aber im Frühjahr allein wei-

terentwickeln (Ammengras). Bei jahreszeitlich früherem Säen ist wichtig, rechtzeitig zu mähen, um ein Ersticken der wertvolleren Keimlinge zu verhüten. Auf das italienische Weidelgras kann der Gartenbesitzer verzichten. Auf seiner bescheidenen Rasenfläche sorgt er für ausreichende Bewässerung.

Wichtig sind bei allen Gräsern die speziellen Züchtungen. So werden Deutsches Weidelgras, Rispengras, Rotschwingel und andere in vielerlei Sorten angeboten, jede mit anderen besonderen Eigenschaften. Zu kennen braucht sie aber nur der Fachmann.

Grassamenmischungen
Eine Mischung für sehr guten Zierrasen setzt sich zusammen aus:

---

30 % Horstrotschwingel *(Festuca rubra* ssp. *commutata),*
55 % Ausläufertreibender Rotschwingel *(Festuca rubra* ssp. *rubra),*
15 % eines geeigneten Straußgrases (je nach Bodenart) wie Rotes Straußgras *(Agrostis tenuis),* Ausläufertreibendes Straußgras *(Agrostis stolonifera),* Hundsstraußgras *(Agrostis canina).*

Der Pflegeanspruch, den diese Mischung stellt, kann verringert werden, indem der Anteil der Rotschwingelarten noch weiter auf Kosten des Straußgrases erhöht wird, unter Umständen bis zu dessen gänzlichem Entfallen.

Die Mischung für einen guten Gebrauchsrasen sieht etwa so aus:

30–50 % Horstrotschwingel *(Festuca rubra* ssp. *(commutata),*
10–30 % Ausläufertreibender Rot-

So unterscheiden sich die Gräsersorten einer Rasenmischung bei Reinaussaat, links im gemähten, rechts (im Hintergrund) im ungemähten Zustand. Lägerrispe 'Bristol' bildet die hellen Quadrate, Wiesenrispe 'Supra' die dunklen.

schwingel *(Festuca rubra* ssp. *rubra)*, 5 % Rotes Straußgras *(Agrostis tenuis)*, 20–50 % Wiesenrispengras *(Poa pratensis* in etwa 2 Sorten).

Diese Mischung ist auch für Gärten, die feinen Rasen zeigen sollen, noch angemessen.

Im Gebrauchsrasen, der ernsthafte Belastung, z. B. durch Spiel und geringere Pflege, ertragen muß, erscheint nun das Weidelgras:

10–30 % Horstrotschwingel *(Festuca rubra* ssp. *commutata)*, 10–30 % Ausläufertreibender Rotschwingel *(Festuca rubra* ssp. *rubra)*, 20–40 % Weidelgras *(Lolium perenne* in 2 verschiedenen Sorten), 15–45 % Wiesenrispengras *(Poa pratensis* in 2 verschiedenen Sorten).

Ein ausgesprochener Sportrasen ist schließlich lediglich noch aus Wiesenrispe und Weidelgras, jeweils in einer ausgewogenen Zusammenstellung von mehreren Sorten, zusammengesetzt.

Säen

Dem Feinplanieren folgt auf trockenem Boden das Säen. Auf feuchtem würden der Samen samt der Erde an Schuhsohlen und Geräten kleben, und das Einhacken nicht funktionieren. Auch Wind wirkt störend. Er verweht den Samen, und das Gemüsebeet nebenan wird grün, die Rasenfläche dafür lückenhaft.

Saatzeit
Die besten Saatmonate sind Mai, vielleicht auch noch das Ende des Monats April, und September und Oktober. Die Monate vor April sind zu kalt. Der Grassamen keimt nur bei einer Wärme, die auch nachts nicht unter 10 °C sinkt und braucht dazu mehr als eine Woche. Juni, Juli und August sind zwar ausreichend warm, sonst aber unsicher. Heftige Regengüsse, Hagelschlag und Trockenperioden können die Arbeit zunichte machen. Obwohl man gegen Trockenheit beregnen kann, ist zu empfehlen, zwischendurch *Phacelia* einzusäen. So bleibt der Boden an seinem Platz und ist zur Saatzeit des Rasens im

September auf wunderbare Weise aufgefrischt und locker.

An sonnigen, milden Märztagen stellt sich oft die Frage »Kann man wohl schon?« und an gleichen Tagen Ende Oktober heißt es »Ist Säen noch möglich?« Die Antwort heißt in beiden Fällen warten. Warten bis zum Mai, das eine Mal einige Wochen, das andere Mal sechs Monate. Wohl wäre das Säen möglich, aber das Risiko wäre in jedem Fall erheblich und immer ein Teilverlust zu erwarten, ein Gewinn andererseits kaum festzustellen. Daß im März 10 oder 12 maienwarme Tage aufeinanderfolgen würden, ist gänzlich unwahrscheinlich. Wenn es aber dennoch der Fall wäre, zeigte sich der Rasen im Mai keineswegs grüner, als bei Aussaat 2 Monate später. Denn wenn es wieder kälter wird, ruht das Wachstum.

Sehr schädlich wären Kahlfröste, Fröste ohne Schneebedeckung. Das Gefrieren des Bodens bewirkt eine Ausdehnung, das die Keimlinge aus der tieferen Bodenschicht herauszieht. Beim Wiederauftauen sackt die Erde zusammen, während das Pflänzchen obenauf »schwimmen« bleibt. Der Vorgang wiederholt sich, die Wurzeln sind bloßgelegt und die Pflanze trocknet aus. Es scheint, sie sei erfroren. Diese Gefahr droht besonders der späten Herbstsaat. Immerhin kommt manche Herbstsaat ganz gut durch den Winter. Ein Teil der Samenkörner verharrt ungekeimt. So füllt sich in der warmen Zeit nacheinander noch mancher dünne Bewuchs. Für eine »Trotzdem«-Aussaat in der kalten Jahreszeit gibt es keine oder höchstens schwach wirkende Beschleunigungsmittel. In der warmen freilich hat man weit bessere Möglichkeiten, für das zu sorgen, was fehlt. Das ist der

Regen. Wenn man lückenlos bewässern kann und will, darf man auch im Juli und August Rasen säen. Die Risikospanne wird dann doch sehr kurz gehalten. Eine nicht zu unterschätzende Gefahr bei verzögerter Keimung, sowohl in der heißen, wie auch in der kalten Jahreszeit, stellen die Pilzkrankheiten dar.

Aussaattechnik
20 g Samen auf den Quadratmeter! Wieviel sind 20 g und wie verteilt man diese Handvoll gleichmäßig auf die zugedachte Fläche? Es nützt nichts, die Menge muß man wägen und das Verteilen muß man üben. Üben kann man mit feinem Sand, aber auch gleich mit Saatgut, wenn man sich ein Geviert von 1 m absteckt.

Der geübte Säer schreitet *vor*wärts, die rechte oder die linke Hand, wie er es besser kann, sät. Dabei öffnet sie schmale gleichmäßige Lücken zwischen den Fingern. Mit dieser hohlen Hand holt der Sämann den Samen aus dem Eimer oder der Wanne und schwingt sie mit ausgestrecktem Arm am Körper vorbei, während er einen Schritt vorwärts macht. Im Schwung läßt er die Samenkörner durch die Fingerlücken rieseln. Es ist nicht einfach, die Körner mit jedem Schritt und jedem Schwung gleichmäßig auf dem Boden zu verteilen, daß nach dem Aufgehen der Saat weder Lücken noch Häufungen zu sehen sind.

Für den, der nur seinen eigenen kleinen Garten ansät, wird es sich nicht lohnen, das Säen nach der Art des Gärtners zu erlernen. Er geht dann sicherer mit der Methode des Rückwärtsganges. Die Handstellung bleibt gleich, wie vorhin beschrieben aber die Haltung ist anders. Gesät wird nicht im

Schwung, sondern mehr schüttelnd. Die Körner werden ebenfalls durch die Fingerlücken entlassen (nicht zwischen den Fingerspitzen; ähnlich, wie eine Prise Salz zu streuen, wäre unergiebig). Man markiert oder merkt sich jeweils einen schmalen Bodenstreifen und geht ihn durch. Daneben kann man in der Gegenrichtung weiterstreuen. Das Saatgut sollte vor dem Säen nochmals durchgemischt werden, denn es könnte sein, daß sich die feinen Samen am Boden absondern.

Nacharbeit
Die Arbeit ist noch nicht zu Ende, wenn der Samen schön verteilt auf dem Boden liegt. Nun muß er noch in den Boden hinein. Dies bewerkstelligt man am besten mit den Zinken eines Rechens. Vorbildlich ausgeführt, hacken die Zinken in ganz geringem Abstand Zentimeter für Zentimeter hintereinander die Fläche ab. Der Tiefgang soll gering sein, 1 bis 2 cm.

Schneller geht es, wenn der Rechen wie sonst üblich gehandhabt wird, allerdings nicht nur ziehend, sondern auch schiebend in der Gegenrichtung. Zugleich kann noch der Dünger gestreut werden, wenn es mineralischer ist; organischer wird vorteilhafter bei der Bodenvorbereitung eingebracht.

Darauf folgt der letzte Arbeitsgang, das Walzen. Könnte eine Rasensämaschine ausgeliehen werden, wären Säen, Einigeln und Walzen in einem Zug erledigt. Eine Rasenwalze befindet sich im allgemeinen nicht unter den häuslichen Gerätschaften. Bekommt man sie nicht geliehen, gibt es praktische Provisorien, um sich zu behelfen. Erstes Hilfsgerät ist die Schaufel. Mit ihrer Rückseite patscht man, kräftig aufdrückend, Stück für Stück des Saatbee-

tes ab, so fest, daß man beim flachen Auftreten mit den Schuhen fast nicht mehr einsinkt und keine Abdrücke hinterläßt.

Zweites Hilfsgerät ist ein Spaten mit einem Brett. Den Spaten stößt man mit Wucht in ein starkes Brett, etwa 60 cm lang und 20 cm breit. Er soll schräg darin stecken bleiben. Mit diesem Hilfsgerät gelingt die Arbeit noch besser, als mit der Schaufel. Man handhabt es ähnlich wie diese und klatscht Brettfläche an Brettfläche den Boden fest. Ein drittes Hilfsgerät wären verbreiterte Schuhsohlen. Zwei kleine Brettstücke ungefähr in der Größe eines DIN A4-Blattes schnallt oder bindet man auf die Schuhsohlen. Nun kann, das Körpergewicht als Belastung nützend, der Boden festgetreten werden. So gelingt es mit dem geringsten Kraftaufwand, vorausgesetzt, die Fläche ist nicht sehr groß.

Dieses Verdichten der Bodenoberfläche hat mehrfachen Sinn. Die Samenkörner bekommen innigen Kontakt mit dem Erdreich, werden wirkungsvoller angefeuchtet, liegen länger feucht, die Vögel haben mehr Mühe, sie zu finden und die Krume kann nicht vom Wind verweht werden. Außerdem muß die Rasenfläche ohnedies fest sein, denn sie soll ja betreten werden können und spätestens bei der ersten Mahd muß sie dies bereits gestatten. Die tiefen Spuren, die sich in unverdichtetem Boden abdrücken, lassen sich nie mehr so recht nahtlos beseitigen.

Nun kann das Gras keimen. Das geschieht bei warmer Witterung, ausreichender Bodenfeuchtigkeit und »normalem« d. h. nicht allzufeinem Samen innerhalb acht Tagen. Plötzlich entdeckt man morgens beim flachen Darüberblicken die zarten grünen Spitzen der

Keimlinge vielleicht mit je einem Tau-
tropfen verziert. Soll nun gegossen
werden oder nicht? Diese Frage wird
sehr oft gestellt und in trockenen Wet-
terperioden ist man stets aufs Neue
selbst unsicher. Die Antwort ist aber
einfach: Gießen ist besser, als nicht gießen *aber*, wenn man es anfängt, muß
man es durchhalten. Das heißt also,
nach der ersten Bewässerung ist wei-
terzugießen, möglicherweise täglich
zweimal, bis in die Mähzeit hinein.
Nicht viel, lieber etwas öfter und ohne
den Boden zu verschlämmen. Es schadet dem Rasensamen durchaus nicht,
wenn er im trockenen Boden liegen-
bleibt. Er wartet geduldig, bis ihn der
Regen weckt. Ist er aber angekeimt,
kann er während länger anhaltender
Hitze vertrocknen.

Schutzsaat
Überhaupt drohen vielerlei Risiken,
vom Ausbrennen über den Vogelfraß
bis zum Ausschwemmen; im Herbst bei
später Saat sogar das Auffrieren. Deshalb vermindert Zeitgewinn die Gefahren und Bewässern ist Zeitgewinn.
Zwar wird eine Erdfläche stets grün. Sie
würde das auch ohne unseren Einfluß.
Es fragt sich nur, ob dieses Grün aus
dem kostspieligen Grassamen entsteht,
den wir verstreut haben, oder, wenn er
verdorrt ist, von allerlei Kräutern aus
ungezählten Samenkörnern, die überall
schlummern und die viel robuster sind,
als das, was man gern hätte.

Sät man an einer Stelle, an der kein
Wasser zur Verfügung steht, oder an
die es mühsam herangeschleppt wer-
den müßte, kann man sich mit einem
Trick helfen. Man sät zusätzlich zum
Rasensamen etwas Ackersenf oder eine
Gründüngermischung mit aus. Diese
Pflänzchen keimen sehr schnell, es brei-

*Braune Flecken im Rasen können viele
Ursachen haben. Meist genügen
Neuaussaaten nur an diesen Stellen.
Vorher wird durch Vertikutieren die
verfilzte Rasennarbe aufgelockert.*

ten sich schnell große Blätter aus, in
deren Schatten der Boden nicht aus-
dörrt. Die zarten Grashalme können
sich darunter in einem idealen Mikro-
klima kräftigen. Nach dem ersten Gras-
schnitt sterben die Hilfspflanzen ab. Die
gefestigten Gräser vermögen nun selbst
dem Boden Schatten zu geben.

Wenn Frostperioden zwischen dem
Säen und dem Mähen liegen, sollte unter Umständen die Rasenfläche nochmals gewalzt werden. Dies trifft besonders für Herbstsaaten zu. Dadurch erhalten die vom Frost gehobenen
Pflänzchen wieder Bodenkontakt. Die
Gefahr des Austrocknens ist verringert.

Sonderverfahren

Aufsprühen

Ein Sonderverfahren, Rasensamen in den Boden zu bringen, ist das Aufsprühen. Es hilft an sehr steilen Hängen, die nur mühsam zu betreten sind. Das Saatgut wird in ein flüssiges Lehmgemenge eingemischt; auf den unwegsamen Platz aufgespritzt und danach noch durch eine mittels Bitumen gebundene Häckselschicht vor der zu frühen Abschwemmung bewahrt.

Vliesmatten

Im Samenhandel wird auch besonders vorbereitetes Saatgut angeboten, z. B. Vliesmatten oder -streifen, in die die Samen eingebettet sind. Sie sind ebenfalls zur Verwendung an steilen Böschungen gedacht. Auch zur Dachbegrünung können sie dienen. Sie werden aufgelegt und befestigt, danach sind sie lediglich noch zu gießen.

Mantelsaat

Bei der sogenannten Mantelsaat haben die einzelnen Saatkörner einen schützenden Überzug erhalten. Von ihm verspricht man sich einen Schutz, der vom Pilzbefall über sonstige Krankheiten bis zum Vogelfraß wirksam sein soll. Spuren von Düngestoffen, die noch mit enthalten sind, sollen den Keimling kräftigen.

Rollrasen

Nicht jeder Rasen muß gesät werden. Man kann ihn auch sozusagen schon fertig auflegen. Das Verfahren ist aber teurer als die Saat und kann im Hausgarten wohl kaum einen Vorteil bringen. Aus welchem Grund sollte man hier auch nicht warten können, bis die Aussaat auf natürliche Weise aufgeht und zum Rasen wird! Auf Sportplätzen, in Freibädern, bei Ausstellungen und im öffentlichen Grün ist der »Rollrasen« jedoch oft das Wundermittel, um Ter-

Rollrasen in Transportform und ausgerollt am Rand einer Wegefläche aus Beton-Verbundpflaster. Im gerollten Zustand darf er nicht allzulange liegen.

mine zu retten. Ein freudiges Gefühl wird vermittelt, wenn man die braune Erde mittels der abgewickelten Sodenrollen in kürzester Frist in grünen Rasen verwandelt sieht. Herangezogen, abgeschält und geliefert wird der Rollrasen von speziellen Firmen, aufgelegt vom Landschaftsgärtner. Er darf nur kurze Zeit in der Transportform liegen bleiben, vor allem nicht in der Sonne, sonst erstickt er.

Rollrasen müssen auch gut weitergepflegt werden, denn wenn nur einmal das Gießen im rechten Moment verpaßt wird, sterben sie schnell fleckenweise ab. Sie sehen dann gegenüber dem in frischem Grün stehenden gesäten Rasen sehr häßlich aus. Die Ausfallflächen zu regenerieren, ist langwierig und mit viel mehr Aufwand und ungleich geringerem Erfolg verbunden, als wenn gleich von Anfang an eingesät worden wäre.

Rasensoden

Auch Rasensoden, d. h. in Rechtecke geschnittene Stücke, kann man kaufen. Dabei ist aber unbedingt auf beste Qualität zu achten. Schnell hat man Wiesensoden erworben und solche soll man nur nehmen, wenn man wirklich eine Wiese möchte. Soden sind so zu verlegen, daß sich die Fugen überlappen. Günstig für diese Arbeit ist der Herbst. Es empfiehlt sich, den Unterboden vorher zu düngen, z. B. mit Silikatkolloid Agrosil. Nach 4 Wochen kann gemäht werden.

Das Auflegen von Rasensoden, die man selbst aussticht und abschält, ist bei Ausbesserungsarbeiten sehr sinnvoll. Dies ist auf Seite 74 beschrieben. Der große Vorteil ist die Gewinnung im eigenen Garten, die alle Unterschiede zwischen der vorhandenen Fläche und den eingesetzten Stücken vermeiden läßt. Auch die absolute Frische zeichnet sie aus, denn Rasensoden setzt man zumeist unmittelbar nach dem Ausstechen. Sie werden auf diese Weise im Wachstum fast überhaupt nicht beeinträchtigt, zumal sie auch in ausreichender Dicke gewonnen werden können. Die Fläche ist sofort wieder benutzbar.

Pflanzrasen

Eine weitere Möglichkeit, Rasen ohne Aussaat zu erhalten, erlebte nach kräftiger Werbung vor einigen Jahren schnell eine weite Verbreitung: der Pflanzrasen, auch Fertigrasen genannt. Manche meinten, nun endlich die Zauberformel erfahren zu haben für einen Rasen der ungemäht, ewig schön kurz und noch schöner grün bleibt. Die Formel heißt Straußgras. Besonders die Arten Hundsstraußgras (*Agrostis canina*) und Flechtstraußgras (*Agrostis stolonifera*) wurden verwendet und werden stellenweise immer noch als Pflanzgras eingesetzt.

Als Pflanzmaterial dienen Jungpflanzen, die zu Büscheln zusammengefaßt in den Boden gesteckt werden. Das Flecht-(Hunds-)Straußgras verlangt leichte Böden und darf während des Anwachsens nicht trocken stehen. Der Wuchserfolg ist erstaunlich, wenn alles richtig ausgeführt wurde. Aber im Laufe der Zeit zeigt dieses besonders flach kriechende Gras seine Nachteile. Es verfilzt, sieht durch das dichte Liegen am Boden ungepflegt und im ganzen nicht sehr erfreulich aus. Auch die Farbe weicht ein wenig vom gewohnten Rasengrün ab. Zudem ist das Flechtstraußgras nicht sehr feinblättrig. Manche Anwender sind damit sogar zufrieden. Daß es einige Mähgänge erspart, stimmt jedenfalls.

Rasenpflege

Will man etwas Gewachsenes und Weiterwachsendes in einem bestimmten Zustand erhalten, muß Arbeit aufgewendet werden. Der Rasen, als eine Kunstform der Vegetation, braucht diese Aufwendung im Besonderen. Wird sie ihm nicht zuteil, wächst er sich schnell zur Wiese aus und diese wandelt sich im Lauf der Jahre in Gebüsch um. Endzustand ist der Wald.

Zur Pflege gehören Mähen, Bewässern, Düngen. Es gehört dazu, daß zu dichter Boden belüftet, zu lockerer gewalzt, zu nasser entwässert wird. Unerwünschte Pflanzen (Unkraut, Ungräser) sind zu entfernen, schädliche Tiere fernzuhalten oder zu vernichten. Schließlich müssen noch Abfälle – Laub, Kothäufchen, Unrat, Gemähtes – abgesammelt werden. Für ausreichende Belichtung ist zu sorgen. In größeren Zeitabschnitten kann auch einmal eine Nachsaat notwendig werden, Ausflicken von Löchern inbegriffen.

Mähen

Der erste Schnitt

Der erste Schnitt nach dem Auflaufen der Gräser soll mit der Sense ausgeführt werden, so lautete früher die Regel. Dies hatte nur einen Sinn, wenn ihre Handhabung einwandfrei beherrscht wurde. Sensenmähen ist nicht ganz einfach. Dazu war eine rasiermesserscharfe Klinge nötig. Sie ergab eine Schnittqualität, die Mähmaschinen kaum bieten konnten. Das ist heute anders. Eine gute Maschine mit geschliffenen Messern schneidet ausreichend scharf, ohne die zarten Rasenpflänzchen aus dem Boden zu rupfen. Sieht man darauf, daß die Maschine nicht zu schwer und der Boden nicht durch kürzlich gefallenen Regen aufgeweicht ist, werden sich auch keine tiefen Spuren eindrücken. Es ist dann gleichgültig, welcher Mähmaschinentyp verwendet wird, ob mit rotierenden Schneidmessern oder mit der Messerwalze (Spindelmäher). Ein Luftkissenmäher hat in diesem Fall Vorzüge.

Das Gras darf keinesfalls zu kurz geschnitten werden. 4 bis 5 cm sind zunächst die günstigste Länge, bei Zierrasen etwas darunter, bei Gebrauchsrasen etwas mehr, bis zu 8 cm. Der rechte Zeitpunkt ist dann gegeben, wenn die Blätter sich leicht zu neigen beginnen, d. h. bei einer Länge ab 10 cm. Man kann den ersten Schnitt kaum zu früh ansetzen, eher zu spät. Auch bei verspätetem Mähen entstehen erst dann Schäden, wenn die Blätter sich so stark lagern, daß die darunter noch keimenden Pflanzen ersticken oder Fäulnis entsteht.

Ob man morgens, mittags oder abends, ob bei zunehmendem oder abnehmendem Mond mäht, ist ohne Belang. Bei nassem Wetter allerdings unterläßt man es in der ersten Zeit besser, wegen der Spuren in der Fläche. Bei starker Trockenheit ist nach dem Schnitt mit einem Sprühregen aus dem Gartenschlauch einem Ausbrennen des Jungrasens vorzubeugen.

Mähgut

Das geschnittene Gras wird, falls es zu dicht liegt, nach den ersten Mahden vorteilhafterweise gesammelt und auf den Kompost gebracht, weil noch viele Keime nicht entwickelt sind und bei starker Bedeckung geschädigt werden könnten. Dünner, gut verteilter Schnitt, wie ihn Spindelmäher liefern, bleibt besser liegen. Über die spätere Zweckmäßigkeit des »Mulchens«, des Liegenlassens des geschnittenen Grases, gehen die Ansichten auseinander. Am zuträglichsten dürfte dem Rasen die Rücklieferung seiner erzeugten und entzogenen pflanzlichen Substanz auf dem Umweg über den Komposthaufen sein.

Schnitthäufigkeit und Schnitthöhe

Die weiteren Mähgänge orientieren sich am Wachstum des Grases. Sie pendeln sich auf Abstände zwischen 1 und 3 Wochen ein. Die Zeitspannen werden durch die an den Rasen gestellten Ansprüche bestimmt. Bei einem Gebrauchsrasen ergeben sich längere, bei hochfeinem Zierrasen ganz kurze Abstände. Die Zeit zu täglichem Mähen wird aber hierzulande kaum jemand aufwenden wollen.

Weiterhin gilt: Zu hohes Mähen schadet dem Gras nicht, zu tiefes dagegen sehr. Als Richtmaß gelten 30 mm, bei feinem Zierrasen 15 mm. Dieses kurze Maß setzt schnittverträgliche Gräser und absolut ebene Fläche voraus. Es kann im frühen Frühling, im späten Herbst und, von wenigen Ausnahmen (z. B. starke Trockenheit, ohne Möglichkeit zu bewässern) abgesehen, den ganzen Sommer hindurch ohne Schaden gemäht werden. Nur sollte es stets sinnvoll sein. Nach längerer Mähpause mäht man nicht schlagartig auf

Der Grasfangsack oder -korb an der Mähmaschine erspart den Arbeitsgang des Abrechens, macht das Gerät aber ein wenig unhandlicher.

volle Kürze zurück, sondern besser in 2 oder 3 Stufen.

Mähgeräte

Die Gerätschaften für die Mäharbeit in einem kleinen Garten bestehen aus einem Spindelmäher (zum Schieben) mit ungefähr 35 cm Schnittbreite, einer Kantenschere und einem Rechen oder Drahtbesen. Dazu kommt noch ein Korb, um das Gemähte wegtragen zu können und vielleicht eine Sichel statt der Kantenschere bzw. als deren Ergänzung.

Ob Motorgeräte bei einer Gartengröße von 3 Ar entbehrlich sind, hängt von der Leistungsfähigkeit und der

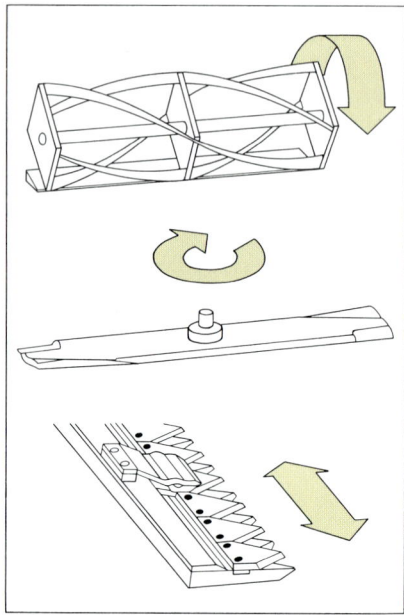

Die Schneidmesser des Spindelmähers bewegen sich um die horizontale, die des Sichelmähers um die vertikale Achse. Der Balkenmäher schneidet durch Hin- und Herbewegen eines beweglichen gegen einen feststehenden Messerbalken.

sportlichen Einstellung des Pflegers ab. Gänzlich abzulehnen sind sie jedenfalls auch bei bescheidener Gartengröße nicht mehr. Der kleine Hausgarten ist das ideale Revier für einen Mäher mit elektrischem Antrieb, ob dieser nun über Kabel oder aus der Batterie mit Energie versorgt wird. Bei der Arbeit mit einem Kabelgerät ist eine selbsttätige Aufwickelvorrichtung sehr von Vorteil.

Scharfe Schneidewerkzeuge sind bei Spindel- wie auch bei Sichelmähgeräten Voraussetzung für einen einwandfreien Schnitt. Auch die Handsichel

muß ständig auf bester Schärfe gehalten werden. Sie zu handhaben setzt auch noch Geschick und Übung voraus. Für den, der es versteht, sie kurz und schnell aus dem Handgelenk heraus zu schwingen – nicht aus dem Ellenbogen oder gar aus der Schulter! – ist sie ein elegantes Gerät.

Mit zunehmender Größe des Grundstücks steigen die Breite der Mähvorrichtung wie auch die Stärke des Motors. Hier sind Breiten von etwas über oder unter 50 cm angebracht. Maschinen mit motorgetriebenen Rädern nehmen viel Arbeit ab. Geräte zum Aufsitzen lohnen sich aber nur bei parkähnlichen Flächen.

Und die Sense? »Sensenmähen ist nicht ganz einfach« steht im Abschnitt »Der erste Schnitt«. Es ist aber *doch* einfach und gar nicht anstrengend – für den, der's kann. Und es läßt sich erlernen! Die Sense gehört zum Gerätearsenal, wenn ein Garten die normale Hausgartengröße übersteigt oder eine Blumenwiese enthält. Sie ist hilfreich und patent. Man kann mit ihr um jedes Hindernis und sogar um einzelne Kräuter herummähen. So verdient sie es wirklich, wieder mehr in Gebrauch genommen zu werden. Bei allen Verrichtungen verlassen wir uns viel zu sehr auf den Motor. Gleichzeitig verkümmern unsere Muskeln. Es ist besser, die Gartenabfälle mit Hippe oder Beil für den Kompost kleinzuhacken, die Hecke mit der Schere zu schneiden und die Wiese mit der Sense zu mähen, als dafür Motorhäcksler, Motor-Heckenschere und Mähmaschine anzulassen, auch wenn die Energie aus der Steckdose kommt. Das Trimmgerät im Keller wird dann weniger dringend benötigt werden. Aus diesen Gründen soll der Umgang mit ihr extra angesprochen

werden. Die gute alte Sense verdient
es. Wichtig sind:
- die richtige Sense,
- ausreichende Schärfe,
- die richtige Anbringung des Sensen-
  blattes am »Worb«, dem Sensenstiel,
- die richtige Handhabung
- die nötige Vorsicht, wie bei allem
  Umgang mit scharfen Sachen.

Die richtige Sense: Lieber ein kürzeres
als ein zu langes Blatt (nicht über
60–70 cm, besser noch kürzer. Die langen Blätter den professionellen Mähern
überlassen!
Die ausreichende Schärfe: Durch Dengeln und Wetzen zu erzielen.
   Der richtige Sensenworb (oder Sen-
senbaum, der Stiel des Geräts): Es ist
nebensächlich, ob er aus Holz oder aus
Metall besteht, aber die Länge muß
passen (normal 140–150 cm).
*Die richtige Anbringung des Sensen-
blattes am Worb:* Sehr wichtig, ja unerläßlich ist, daß der von Sensenschneide
und Worb-Längsachse gebildete Winkel kleiner als ein Rechter Winkel ist
und zwar gerade um drei Fingerbreiten
(ca. 6 cm), an der Sensenblattspitze gemessen, gleichgültig, ob das Blatt kurz
ist oder lang. Mit einer Schnur, dem
Meterstab oder dem ausgestreckten
Zeigefinger und einer Schwenkung der
Sense ist das Maß leicht festzustellen.
Der Winkel, den Sensenblatt und Blatt-
stiel zueinander bilden, ist vom Sensen-
schmied bereits richtig festgelegt und
nicht veränderbar.
*Die richtige Haltung und der richtige
Schwung:* Beim Mähen ist der Körper
aufrecht – mit leichter Vorlage. Der
ganze Körper dreht sich, von den
Knien über die Hüften bis zu den
Schultern – nicht die Knie oder die
Schultern allein! Die Breite der Mahd

*Der Rasentrimmer, im guten Fall ein
handliches, sehr leichtes Gerät, ist ideal
zum Säubern von Rändern und kurzen
Böschungen. Er »mäht« Gras jeder Länge.
Der abgebildete hat elektrischen Antrieb.*

bzw. der Bogen, den die Sense be-
schreibt, kann zwar durch zusätzliches
Seitwärtspendeln des Körpers vergrö-
ßert werden, doch ist dies nicht anzuraten. Kraftmenschen und Ganz-Ge-
übte mögen das versuchen. Die
schmale Mahd beugt gegen Kreuz-
schmerzen vor und spart Kraft. Weitere
Erkenntnisse, alle Feinheiten und die
nötige Grundübung können Kurse vermitteln, die manche Gartenbauvereine,
Obstbau-Kreisfachberater oder sogar
Volkshochschulen anbieten.

Rasenmähertypen
Welche Mähertypen sind besser, Spindelmäher oder Sichelmäher? Diese
Frage kann nicht generell beantwortet
werden. Jeder hat sowohl Vorteile als
auch Mängel. Da beide sich voneinander unterscheiden wie die Schere vom
Messer, ist bestenfalls das Schnittbild

beim Spindelmäher als schärfer und sauberer zu bezeichnen. Dies verwischt sich aber schnell bei unterschiedlicher Schliffgüte der Messer. Immerhin, für höchste Qualität ist der Spindelmäher zuständig. Die Arbeit mit ihm ist weniger gefährlich, die Mähleistung an der Fläche gemessen größer und er verursacht auch deutlich weniger Lärm.

Spindelmäher können auf Walzen rollen und wirken dadurch mit sehr geringem Druck auf die Rasenfläche.

Sichelmäher bewältigen dagegen auch höheres Gras, bei dem Spindelmäher völlig versagen, und die Messer sind leichter zu schärfen und auszuwechseln. Wer seltener mähen will und nicht die höchste Qualität verlangt, ist mit Sichelmähern besser bedient. Luftkissenmäher schneiden ebenfalls mit rotierenden Messern. Sie haben Vorzüge, wenn die Rasenfläche stark geneigt ist oder, wenn Böschungen mitzumähen sind. Sie sind mit ganz geringer Kraftaufwendung zu führen.

Als Ausputzgeräte sind auch durch Elektro- oder Benzinmotor getriebene Kleinmaschinen mit hochtourig kreisendem Nylonfaden im Gebrauch (Rasen-trimmer). Sie sind besonders beweglich und ermöglichen den Schnitt präziser Ränder, beinahe wie mit der Kantenschere. Viel Geduld und Geschick waren früher nötig, wenn der alte Faden verbraucht war und ein neuer eingelegt werden mußte. Dies funktioniert heute mühelos und einwandfrei, jedenfalls bei guten Geräten (Seite 40). Weitere Mähgeräte sind im Hauptabschnitt Blumenwiese erwähnt.

Pflege der Mähgeräte

Die Einfachheit des Gerätes ist nicht unbedingt der Leichtigkeit seiner Pflege gleichrangig. Sense und Sichel müssen gedengelt und gewetzt werden. Das Wetzen ist leicht, schwierig ist das Dengeln. Das lernt mancher nie. In diesem Fall muß eben die Sense zum Schmied gebracht werden. Zum Dengeln sind Dengelhammer und -ambos nötig und zum Gebrauch dieses Hammers Geschick, Sorgfalt und Übung. Der Hammer darf nur die vorderste Schneide, gut gezielt, bearbeiten. Absolut gleichmäßig muß er auf sein Werkstück treffen, damit die Schneide sich nicht wellt. Die Dengelarbeit ist besonders wichtig,

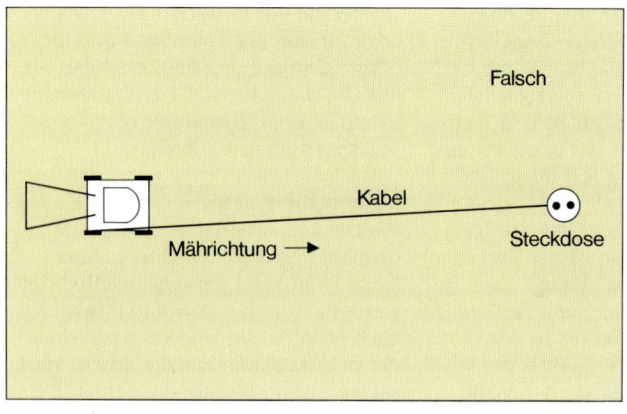

Falsch

Kabel

Mährichtung →

Steckdose

Nicht dem Kabel entgegenmähen! Nicht rückwärts gehen! Beim Mähen hangabwärts nicht direkt hinter der Maschine gehen.

wenn sich die Sense an Steinen oder Metallstücken Scharten zugezogen hat. Sie lassen sich erfolgreich herausklopfen, freilich nicht auf einmal. Zur letzten Schärfe verhilft der Wetzstein. Dieses Gerät mit der charakteristischen, zweifach spitzen Form wird unter Druck in Richtung vom Rücken zur Schneide über Sense und Sichel gezogen. Gewetzt wird sowohl die Ober- wie auch die Unterseite. Die Schärfe ist ausreichend, wenn ein frei gehaltenes Stück Papier über die Klinge gezogen, von dieser in Stücke zerschnitten wird. Bis die Sense erneut gedengelt werden muß, kann vielleicht ein halber Hektar Wiese gemäht werden. Wetzen aber muß man u. U. mehrere Dutzend mal so oft.

Die Messer des Sichelmähers erhalten neue Schärfe mittels Feile oder Kar-borundscheibe. Daß Mähmaschinen nach jedem Gebrauch von Grasresten zu befreien sind, dürfte als selbstverständlich gelten. Bei einigen, aber längst nicht mehr bei allen ist ein zeitweiliges Ölen der Lager erforderlich.

Schwierig ist das Schleifen der Spindelmäherschneiden. Das überläßt man am besten dem Fachmann in der Werkstatt. Zum Glück ist es nur in langen Zeitabständen erforderlich.

Lebenswichtig für alle motorgetriebenen Mähmaschinen ist die richtige Kraftstoffmischung. Nur noch brachiale Gewalt schadet einer Mähmaschine in ähnlich gründlicher Weise wie das falsche Benzin-Öl-Gemisch.

Gefahren durch Mähgeräte
Schon mit der Sichel kann man sich erhebliche Fleischwunden zuziehen. Dies

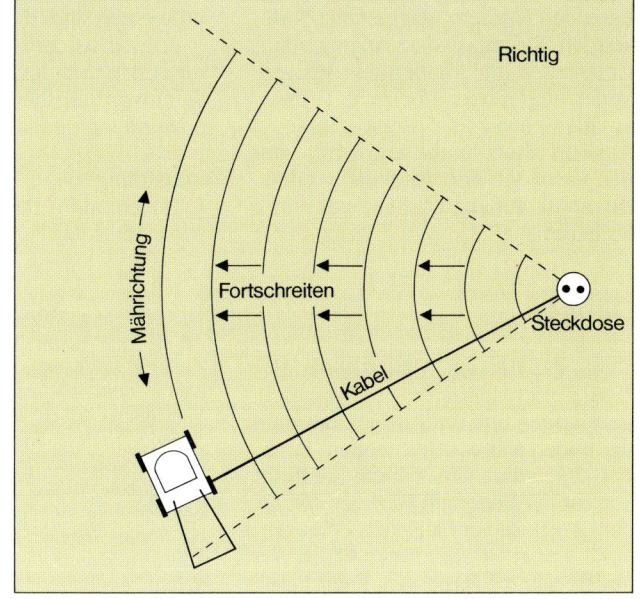

Ist das Kabel trotz aller Vorsicht einmal an- oder abgemäht, als erstes sofort den Stecker ziehen, ehe man sich mit dem Schaden beschäftigt. Jedem Stromschlag im Schadenfall beugt ein FI-Schalter (Fehlerstrom-Schutzschalter) vor. Er kann in die Leitung eingebaut werden, ist aber auch steckbar erhältlich. Selbstaufrollenden Maschinen immer genügend Zeit zum Aufrollen des Kabels geben, nicht hastig arbeiten.

Richtig

Mährichtung

Fortschreiten

Kabel

Steckdose

geschieht schnell und unvermutet beim wetzen oder, mit etwas Leichtsinn, wenn die linke Hand Grasbüschel faßt, die die Sichel in der rechten abschneiden soll. Auch mit den Stromkabeln an elektrischen Maschinen geschieht manches Unheil. Hier gilt es, eine einfache Regel zu beachten: Immer so mähen, daß das Kabel seitlich zur Mährichtung liegt, niemals diesem entgegen.

Höchst gefährliche Instrumente sind ohne Zweifel die Sichelmäher. Zu ihnen gehört eigentlich obligatorisch ein wichtiges Requisit, das leider häufig vergessen wird: Schuhe mit Stahlkappen. Vor dem Verlust von Fingern bewahrt nur stetige Vorsicht – Stahlhandschuhe gibt es nicht. Niemals unter das Gehäuse langen, auch nicht bei abgeschaltetem Motor! Aber der Sichelmäher hat ständig noch eine weitere Gefahr parat. Das sind Steine oder Metallstücke, die von den rasend schnell rotierenden Messern weggeschleudert werden. Sie haben die Wirkung von Geschossen und können sehr schwere Verletzungen oder erhebliche Sachschäden bewirken. Also nicht ohne Auswurfschutz fahren und nicht, ohne den Rasen vor der Maschine mit den Augen darauf abzusuchen, was dort alles herumliegt.

Düngen

Durch das ständige Mähen wird das Gras zu fortdauerndem Nachwachsen gezwungen und dafür wiederum muß der Boden Nährstoffe spenden. Wird das abgemähte Gras dauernd entfernt, kommt der Boden im Lauf der Zeit an die Grenze seiner Fähigkeit, Pflanzen zu ernähren: er verarmt. Beim Rasen verändert sich die Farbe, empfindlichere

Gräser gehen ein und robuste, tiefwurzelnde, in der Regel leider nicht erwünschte Kräuter breiten sich aus. Gleichmäßigkeit und Strapazierfähigkeit lassen nach. Also müssen Nährstoffe zugeführt werden, um den Mangel zu beheben. Besser wäre vorzubeugen, um es gar nicht erst zu einem Mangel kommen zu lassen. Es wäre inkonsequent, Zierrasen nicht zu düngen – er wäre bald keine Zierde mehr –, aber es ist durchaus sinnvoll, *normalen* Gartenrasen *nicht* oder kaum noch zu düngen.

Verbraucht wird nicht nur ein Element, sondern neben Kohlenstoff, Sauerstoff und Wasserstoff, die nicht als Dünger zugeführt werden müssen, die gesamte für den Aufbau der Pflanzen verantwortliche Gruppe der Haupt- oder Grundnährstoffe mit Stickstoff, Phosphor und Kali. Dazu kommen noch die Elemente, die in geringen Mengen notwendig sind, die Spurennährstoffe.

Angesichts der Nitratbelastung unserer Böden und des Grundwassers ist verantwortungsbewußte Düngemittelanwendung unerläßlich.

Kunstdünger

Falls nicht auf einen speziellen Effekt, wie einen schnellen, kräftigen Wuchs-

Stickstoff in größerem oder geringerem Anteil ist in jedem Dünger vorhanden. Außer in der Menge unterscheidet er sich aber in der Löslichkeit und in der Verfügbarkeit. Sehr unterschiedlich im Anteilsverhältnis oder gar überhaupt fehlend sind die Phosphor-, Kali- und Manganverbindungen, ganz abgesehen von den Spurennährstoffen. Der Vergleich der beiden Tabellen zeigt deutlich die höhere Konzentration der Nährstoffe in den mineralischen Düngern.

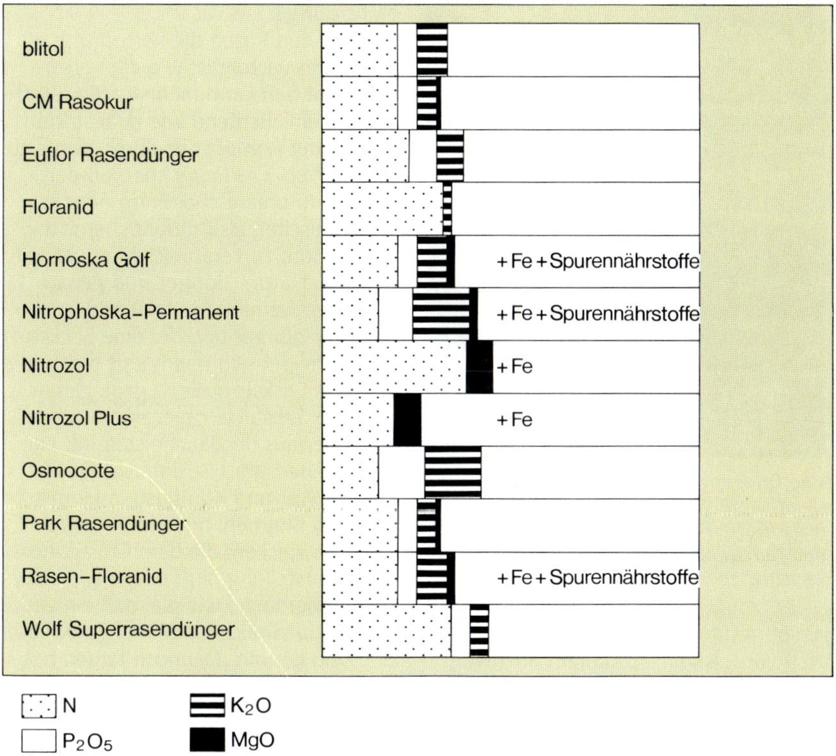

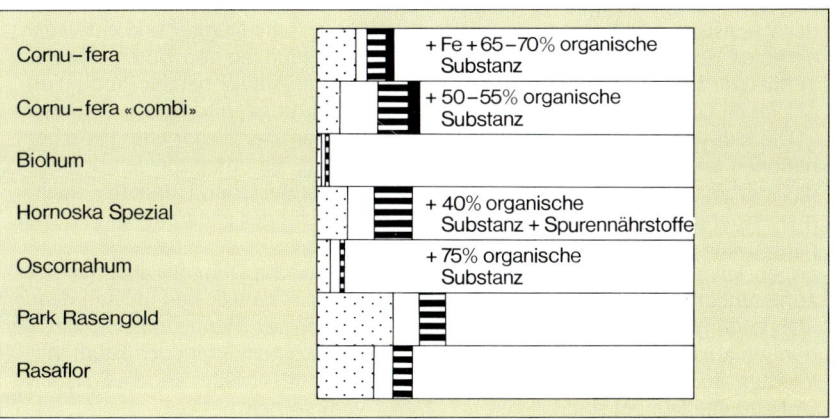

blitol	
CM Rasokur	
Euflor Rasendünger	
Floranid	
Hornoska Golf	+ Fe + Spurennährstoffe
Nitrophoska–Permanent	+ Fe + Spurennährstoffe
Nitrozol	+ Fe
Nitrozol Plus	+ Fe
Osmocote	
Park Rasendünger	
Rasen–Floranid	+ Fe + Spurennährstoffe
Wolf Superrasendünger	

N   K₂O
P₂O₅   MgO

Cornu–fera	+ Fe + 65–70% organische Substanz
Cornu–fera «combi»	+ 50–55% organische Substanz
Biohum	
Hornoska Spezial	+ 40% organische Substanz + Spurennährstoffe
Oscornahum	+ 75% organische Substanz
Park Rasengold	
Rasaflor	

Wie Düngung wirkt, zeigt dieser signifikante Versuch. Gedüngte und ungedüngte Felder zeigen ähnliche Wuchs- und Farbunterschiede wie Felder mit verschiedenen Gräsern (S. 30).

ansporn oder satte Begrünung hingezielt wird, ist ein Volldünger anzuwenden. Er vereinigt alle wichtigen Elemente in sich. Als »Rasendünger« angeboten, ist das Mischungsverhältnis der Nährstoffe genau auf den Zweck abgestimmt. Das Düngen ist während der Wachstumszeit mehrfach zu wiederholen. Entwerder in gekörnter oder in flüssiger Form wird das Düngemittel in kleinen Gaben ausgebracht.

Die Industrie hat Düngemittelkombinationen und -formen entwickelt, die das mehrmalige Ausstreuen pro Sommer ersparen. Die Dünger sind so präpariert, daß sie nur langsam und in geringen Teilmengen in die für die Pflanze aufnehmbare Form übergehen. Solche »Depotdünger«, im April ausgestreut, düngen auch im September noch. Allerdings, Bequemlichkeit kostet Geld. Unbequeme Dünger sind billiger.

Naturdünger

Daß für den Rasen die Versorgung mit Humus so wichtig ist wie die Versorgung mit den Grundnährstoffen, dürfte ebenso einleuchtend wie unbestritten sein. Guter Kompost ist durch nichts zu übertreffen. Die Frage aber, ob der Dünger in organischer Form oder in anorganischer, als Produkt chemischer Fabrikation, zu verabreichen sei ist müßig. Im »Natur«-dünger sind genau dieselben Elemente enthalten wie im »Kunst«-dünger und der eine Stickstoff unterscheidet sich überhaupt nicht vom anderen Stickstoff. Er ist ganz genau dieselbe Substanz, ob er nun aus der Luft oder aus der Jauche stammt. Nur der Reinheitsgrad ist unterschiedlich. Daß in Mist und Kompost, in Hornspänen und Blutmehl noch mehr Ingredienzien stecken, die dem Gras guttun, diese Vorstellung birgt einige Logik. Genauso allerdings, wie die, daß einiges auch in unzureichender Menge vorhanden sein könnte. Dennoch haben natürliche (organische) eine Reihe von Eigenschaften, die künstliche (anorganische) Düngemittel nicht besitzen auch wenn ihre wirksamen Elemente nicht unterscheidbar sind.

Organische Dünger sind entweder Ausscheidungen von Tieren (Mist, Jauche) oder Abfälle bei der Produktion von Nahrungs- und Gebrauchsmitteln entweder pflanzlicher oder tierischer Herkunft. Sie unterscheiden sich von den anorganischen Düngern – auch Mineraldünger genannt – in mancher Hinsicht.

– Organische Dünger haben weniger Nährstoffgehalt und müssen dadurch in größerer Menge angewendet werden, können aber auch kaum Verbrennungen oder andere Schäden verursachen.

– Die Nährstoffe werden langsamer und geringer dosiert abgegeben (von der Düngemittelindustrie neuerdings künstlich nachgeahmt).
– Mit Hilfe ihrer Trägerstoffe können sie gleichzeitig die Bodenqualität verbessern und sei dies auch nur durch das Fördern der Regenwürmer.
– Damit können sie aber auch nicht so leicht ausgewaschen werden, von falscher Anwendung abgesehen. Vorbehalte sind für Jauche anzumelden.

Dies sind Vorzüge. Nachteile sind:
– Die Unterschiedlichkeit im tatsächlichen Gehalt an Nährstoffen kann sich wiederum in der Preiswürdigkeit auswirken.
– Es besteht die Möglichkeit, daß der Dünger sich während der Lagerung zersetzt oder daß er zusammenbäckt.
– Der Aufwand für den Transport ist größer.
– Der Naturdünger enthält eher Keime und Krankheitserreger als der Mineraldünger.

Vergleich
Die Vor- und Nachteile der organischen Dünger sind im Gegensinn die Nach- und Vorteile der mineralischen. Als Pluspunkte der Mineraldünger sind sicherlich die genaue Dosierung des Nährstoffgehaltes, die höhere Nährstoffkonzentration, die einfachere Transport-, Lager- und Ausbringungsmöglichkeit und, falls sie notwendig sein sollte, die häufig schnellere Wirksamkeit anzusehen. Dazu sind sie, gemessen am Nährstoffgehalt, zumeist billiger. Ob letztgenannte Eigenschaft die der organischen Dünger immer aufwiegen kann, mag offen bleiben, verwerten diese doch Abfälle in bester Weise.

Stickstoff, Kali, Phosphor
Das bereits angeschnittene schnelle Ergrünen ist mit einer Stickstoffgabe zu erzielen. Hierbei muß der Stickstoff eine für die Pflanzen rasch verwertbare Form aufweisen. Diese ist besonders in der Form des Harnstoffs gegeben. Die Wirkung ist dann knapp binnen einer Woche zu sehen. Düngung dieser Art soll aber nicht ohne eine gleichzeitige Wassergabe verabreicht werden. Man wendet stickstoffspendende Dünger mehr im Frühjahr an und läßt dafür im Herbst Kali und Phosphor überwiegen.

Wie überall, gilt auch beim Düngen die Regel »Allzuviel ist ungesund«. Konzentrierte Dünger und zu hohe Gaben können die Pflanzen »verbrennen«, sie entziehen ihnen Wasser, so daß sie wie verdorrt aussehen. Das Ausbringen bei regnerischem Wetter verringert diese Gefahren. Absolut gleichmäßige Verteilung ist in jedem Fall bei Düngern hoher Konzentration sehr wichtig. Wer es sich mit der Hand nicht zutraut, beschafft sich einen Düngerstreuer.

Preiswerte Volldünger sind die Nitrophoska-Kombinationen. Für den Rasen hat Nitrophoska-Rapid eine besonders günstige Zusammensetzung. Da der Erfolg des Düngens sich in stärkerem Wachstum äußert, muß man sich auf vermehrte Arbeit einstellen. Allein dies ist ein Grund, überlegt zu dosieren. Auf das belastete Grundwasser kann nicht oft genug hingewiesen werden.

Beregnen

Eine künstliche Bewässerung ist für feine Rasen so unerläßlich wie Mähen und Düngen. Die Wurzeln der zarteren Gräser haben nur einen bescheidenen

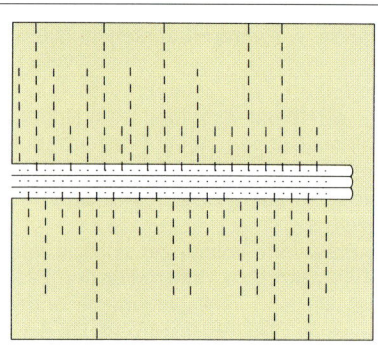

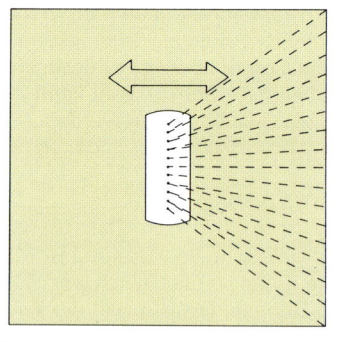

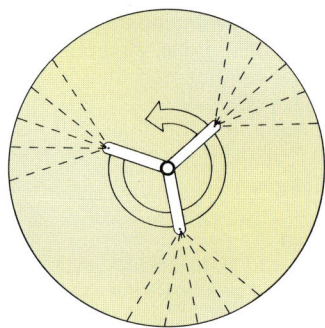

Oben: Versenkregner liegen verdeckt im Boden. Sie werden durch den Wasserdruck gehoben und versinken wieder, wenn dieser nachläßt. Die gleichmäßige Wasserverteilung ist gut erkennbar. Rechte Seite und links unten: Schwenkregner (hier mit einer Vorrichtung zum gleichzeitigen Düngen) bestreichen Rechteckflächen mit ihrer Wassergabe, Regner, die sich um ihre senkrechte Achse drehen, dagegen Kreis- oder Teilkreisflächen (Mitte rechts). Der Sprühschlauch liegt unbewegt (Mitte links).

Auch trockene Luft und anhaltender Wind tragen in erheblichem Maß dazu bei. Sogar das normale Tageslicht – ohne Sonne – spielt eine Rolle, weil am Tag die Pflanzen ihre Poren öffnen. Bei Wassermangel werden die Blätter und Gräser erst schlaff, dann fahlfarben und schließlich braun und dürr. Dann sind sie bereits geschädigt. So weit sollte es nicht kommen. Wasser sollte gleich beim ersten Anzeichen der Knappheit gegeben werden, nicht erst, wenn die grüne Farbe in Braun übergeht und der Boden Risse bekommt.

Für den Regen aus dem Wasserhahn stehen uns vielerlei brauchbare Geräte zur Verfügung, von Schläuchen mit Schnellkupplung bis hin zu Regnern unterschiedlichster Typen. Bei den Schläuchen ist, wie so oft, das Billigste nicht gleichzeitig auch das Sparsamste. Gute, mit Gewebe verstärkte Gummischläuche überdauern viele aus dünnem Kunststoff gefertige oft um Jahre. Bei den Regnern kann prinzipiell zwischen Kreis- und Viereckregnern unterschieden werden. Beide drehen sich vom Wasserdruck angetrieben langsam um eine Achse, erstere um ihre senkrechte, die anderen um eine waagrecht liegende. Beide Typen sind zwar so konstruiert, daß sie das Wasser ziemlich gleichmäßig auf die Fläche verteilen, nur hat diese beim einen Kreisform, beim anderen annähernd rechteckigen Umriß. Je nach Form und Größe des Gartens kann entweder der eine oder der andere Typ Vorteile bringen.

Tiefgang. Sie bleiben in der oberen Zone, die ihre Feuchtigkeit schon nach einigen wenigen heißen Tagen verliert. Reserven anzulegen, wie es die Dickblattgewächse können, vermögen die dünnen Gräser nicht; Knollen besitzen sie ebensowenig. So sind sie vollständig auf das angewiesen, was die von ihnen durchwurzelte Erdschicht, Tau und Regen bieten.

Die Speicherfähigkeit der verschiedenen Bodenarten ist unterschiedlich. Sie hängt ab vom freien Volumen, das für das Wasser zur Verfügung steht und von der Kraft, mit der es festgehalten wird. Beim Vergleich dieser Eigenschaften schneiden die schweren Böden stets besser, d. h. für den Rasen günstiger ab, als die leichten. Dafür allerdings können sie auch schneller verdichten, vernässen und versauern. Dies kann der Pflanze unter Umständen mehr Schaden zufügen, als eine gelegentliche kurze Trockenperiode.

Es ist nicht allein die Sommersonne, die die Gräser zum Verdunsten veranlaßt und dem Boden Wasser entzieht.

Neben diesen Drehregnern gibt es noch einige Regner ohne bewegliche Teile. Sprühdüsen erzeugen feinste Tropfen, fast wie Nebel. Lochschläuche sind billig und beim Überwintern platzsparend. Das Bewässern ist am wirkungsvollsten, wenn es in den Abend-

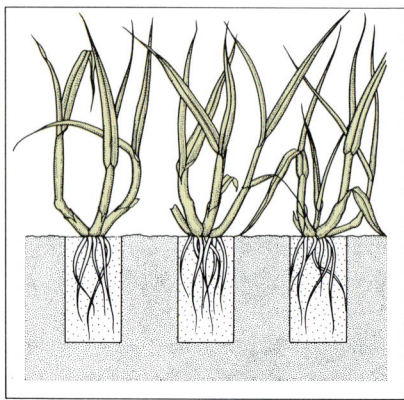

Nach dem Aerifizieren dringen die Gräserwurzeln in die mit lockerem Erdmaterial oder Sand gefüllten Hohlräume ein.

Die Gerätehersteller liefern handliches Werkzeug für nicht allzu strapaziösen Einsatz im Handbetrieb: ein Aerifiziergerät (oben) und ein Vertikutierrechen (unten).

stunden durchgeführt wird. Dabei hat das Wasser die Nacht über Gelegenheit, langsam in den Boden einzusikkern. Häufigeres dosiertes Beregnen ist günstiger als große Wassergaben in langen Zeitabschnitten. Der Boden soll aber wirklich naß sein, wenn der Regner wieder umgestellt oder der Hahn zugedreht wird.

Belüften, Senkrechtschneiden, Walzen

Diese Pflegearbeiten sind beim Rasen des Hausgartens seltener erforderlich. Sie sind fast immer nur nach zu starker Belastung durchzuführen.

Aerifizieren (Belüften)

Es soll stark verdichteten Boden auflockern und der Luft wieder Zutritt in die Wurzelregion verschaffen, denn die Wurzeln brauchen auch Luft, nicht nur Wasser und Dünger. Beim Aerifizieren werden mittels Stacheln oder besser Hohlstacheln Löcher in den Boden gestanzt. Damit sie nicht gleich wieder zuschlämmen, verfüllt der Gärtner sie mit Sand. Begierig dringen frische Wurzeln ein, der Rasen erholt sich.

Unerläßlich ist diese Maßnahme auf Rasensportplätzen und vielbenützten Liegewiesen. Im Hausgarten kann man sich mit der Grabgabel behelfen.

Senkrechtschneiden (Vertikutieren)

Man durchbricht Verfilzungen an der Oberfläche, die vor allem aus nicht verwesten, holzigen, zähen Pflanzenresten entstehen und das Eindringen von Luft und Wasser hemmen können. Senkrecht geführte Messer reißen die Filzschicht durch. Diese Arbeit kann von Zeit zu Zeit auch im Garten nützlich sein. Es gibt handliche Geräte dafür. Das Rechen ist vor dem ersten Schnitt im Frühjahr durchzuführen. Mittels besonderer Rasenrechen aus fächerförmig gestellten Drahtzinken reißt man verfilzte tote Pflanzenreste aus dem Rasen heraus. Es gibt brauchbare Geräte auch mit Motorantrieb.

Walzen

Schließlich sei noch das Walzen angesprochen. Es kann nicht übergangen werden, weil mit der Walze am ehesten Nutzloses betrieben, wenn nicht gar Schaden angerichtet wird. Wer meint, mit Ärifizieren oder Senkrechtschneiden seinem Rasen Gutes zu tun, der wird ihm wenigstens mit Gewißheit nicht schaden. Wer aber etwa mit der schweren Walze Unebenheiten der Bodenoberfläche auszugleichen gedenkt, der ist völlig auf dem Holzweg. Er erzielt nur zusätzliche Verdichtung an Stellen, die ohnedies schon zu dicht

Beim Feinplanieren vor der Einsaat werden alle Unebenheiten säuberlich ausgeglichen und gröbere Brocken abgezogen. Die Flächen im Bildhintergrund sind bereits eingesät und gewalzt.

sind. Die Walze hat ausschließlich bei der Ansaat ihren Dienst zu leisten und möglicherweise – aber mit Vorsicht – nochmals im Frühjahr danach, wenn die jungen Gräser vom Frost gehoben sind. Der Boden muß beim Walzen trocken sein. Für sandige und sehr leichte Böden gelten auch beim Umgang mit der Walze Ausnahmen, sonst aber gehört sie vor allem auf die Wiese, den Acker und den Sportplatz.

Unerwünschtes im Zierrasen

Im »edlen« Zierrasen ist alles Unkraut, was man dort nicht gesät hat und nicht haben will. Die Zahl der Pflanzen die hereindrängen, ist um so größer, je kleiner die Zahl der gewünschten ist. Umgekehrt gibt es dort, wo alles geduldet wird, fast überhaupt kein Unkraut. Der Kampf gegen Unkraut und Ungras hält den, der ihn führt, dauernd in Aktion. Die Mühe beginnt bereits vor der Einsaat mit der Auswahl und Behandlung des Saatbodens. Am besten wäre er im keimfreien Zustand.

Die Pflanzen haben sich indes ihre speziellen Hilfseinrichtungen zugelegt, die es ihnen ermöglichen, an schwierigste Stellen zu gelangen, sich anzusiedeln und auszubreiten. Da ist kein Trick unangewendet geblieben: Die Samenkörner lassen sich mit Hilfe von Flug-, Schwimm-, Schleuder-, Klammer-, Kleb- und noch anderen Vorrichtungen befördern. Ungeheure Zahlen

Ein Weißklee-»Nest«. Hier kann bei kleinen Flächen noch Handarbeit helfen

und mikroskopische Winzigkeit helfen ihnen überdies noch. Besonders flink kommen Disteln und Löwenzahn mit dem Wind angereist. Aber sie sind nicht die Schlimmsten, mit ihnen wird man fertig. Unangenehmer sind die ganz kleinen, auf dem Boden kriechenden, z. B. Ehrenpreis, Gänseblümchen, Mastkraut, Miere, Hahnenfuß, Weißklee und die verschiedenen Moose. Immerhin gibt es gegen sie alle chemischen Mittel zur Bekämpfung. Doch bleibt uns das Unbehagen bei der Anwendung von »Chemie«, auch, wenn ihre Mittel als frei von Nebenwirkungen deklariert sind.

Gegen unerwünschte Gräser gibt es derartiges nicht. Es ist sonderbar, daß Gras im Gras so unangenehm auffallen kann. Seine breiten Blätter und die in Nuancen abweichende Farbe sind es, die den Anblick stören. Quecke, Knaulgras, Honiggras und Einjährige Rispe zählen dazu. Sie machen sich breit, die feinen Gräser verdrängend und unterdrückend. Nach dem Mähen drehen sie die ungeschnitten gebliebenen Blätter dem Licht zu und treiben schnellstens neu. Schon sieht die frisch geschorene Fläche wieder ungemäht aus.

Die Einjährige Rispe, die als strapazierfähiger Naturwuchs auf ländlichen Hausvorflächen so sympathisch wirkt, macht Ärger, weil sie ständig Blüten- und Fruchthalme treibt. So zart ihre Rispen sind, sie fallen auf.

Als Unkraut können sich manchmal auch Ausläufer und Wurzelschößlinge von Gehölzen zeigen, z. B. von Sanddorn, Essigbaum, Ranunkelstrauch, Schlehdorn u. a. Ebenso macht die Herkulesstaude Ärger, wenn das rechtzeitige Abschneiden der Fruchtdolden versäumt wurde. Fleißiges Mähen hält die Jungpflanzen kurz. Sie gehen ein,

wie auch andere Stauden. Hartnäckigen Gehölzen muß mit Pickel oder Spaten an die Wurzel gegangen werden, wenn anderes nicht hilft. Sie können durch ständiges Verzweigen recht stabil und borstig werden.

Bekämpfung

Wer unerwünschte Gräser und Kräuter beseitigen will, muß früh damit beginnen. Sie beharren und wuchern, sowie sie sich einmal festgesetzt haben. Da sie alles schwächere – die Feingräser – verdrängen, breiten sie sich im Lauf der Zeit über die ganze Fläche aus.

Herausstechen

Auf kleinen Rasen ist das Herausstechen des Wegerichs, des Löwenzahns und des Gänseblümchens lohnend und sinnvoll. Gräser können nur auf diese Weise beseitigt werden. Aber das ist eine langwierige Tätigkeit, wenn sich einiges eingenistet hat. Leider ist der Erfolg nicht auf die Dauer gesichert. Eine Tätigkeit, die nie endet, nicht nur langwierig, auch anstrengend, ist die Stecharbeit, denn bei den meisten Pflanzen ist es unerläßlich, sie mit der gesamten Wurzel, ohne Rest, aus dem Boden zu holen. Ein Löwenzahn ist sofort imstande, wie eine Hydra anstelle des einen abgeschnittenen Kopfes ein ganzes Bündel neu auszubilden. Um's Umsehen ist die ausgestochene Lücke wieder voll – mit Löwenzahn, nicht mit Ziergras! Der Distel ist leicht beizukommen. Sie verträgt das Mähen nicht. Äußerst schnell sind die meisten Unkräuter mit Blüten parat, schnell folgt die Frucht, fällt aus und keimt entweder bald, oder mit Tücke, erst nach längerer Zeit.

So gründlich und randscharf kann ein Unkrautvernichtungsmittel wirken, wenn es zur rechten Zeit, richtig abgestimmt und in der angemessenen Dosierung ausgebracht wird.

Chemische Unkrautvernichter
Zum Bekämpfen der Blütenpflanzen gibt es verschiedene chemische Mittel, die über Wuchsstoffhormone wirken. Sie werden von der Pflanze über die Blätter aufgenommen, müssen also auf diese aufgesprüht oder aufgestrichen werden. Die Hormone veranlassen die Pflanze zum Wuchern, das sie schließlich bis zum Absterben erschöpft. Die Wirkstoffe können auch mit Düngern kombiniert gekauft werden. So ersparen sie dem Anwender einen Arbeitsgang. Im andern Fall, bei der getrennten Anwendung soll nämlich ebenfalls gedüngt werden. Die Pflanze muß wachsen, nur so setzt der verderbende

Mechanismus ein. Bei getrennter Anwendung muß der Dünger mit schnellwirkendem Stickstoff im voraus gegeben werden.

Für den Hausgebrauch stehen handliche Packungen dieser Mittel zur Verfügung, z. B. auch in Form eines Stabes, der das Betupfen einzelner Pflanzen ermöglicht. In winzigen Dosen gibt er dabei den Wirkstoff ab. Sie reichen für die erwünschte Wirkung aus.

Einige Voraussetzungen sind zu beachten, wenn solche selektiven Pflanzenbekämpfungsmittel angewendet werden sollen: Die Pflanzen müssen gut im Wuchs sein und eine möglichst große Blattmasse aufweisen. Die Witterung soll mild, nicht kalt, aber auch nicht zu heiß sein. Es soll nicht regnen. Regen verdünnt das Mittel und wäscht es aus, Kälte stoppt das Pflanzenwachstum, Hitze verhärtet die Blattoberflächen. Auch nach dem Einwirken des Giftes muß der Pflanze die Möglichkeit zum Assimilieren und damit zum (tödlichen) Weiterwachsen gegeben sein. Deshalb ist mit Mähen auszusetzen.

Die Mittel wirken nicht universell, sondern sind für bestimmte Arten oder Gruppen entwickelt. Beim Kauf ist darauf zu sehen, daß das ausgewählte Präparat auch tatsächlich gegen die mißliebigen Pflanzen wirksam ist. Immerhin ist die Wirkung in der Regel mehr oder weniger gestreut. Die Verschiedenheit der Namen besagt nicht, daß eine solche Breite in der Wirkung gegeben sei. Jede Firma, die derartige Produkte auf den Markt bringt, sucht einen eigenen Namen, hat aber doch die gleichen Wirksubstanzen eingebaut wie andere Hersteller in ihren Mitteln. Manche Pflanzen sind außerordentlich schwer zu fassen. Der Weißklee gehört dazu. Die selektive Ausmerzung bestimmter Gräser aus der Rasengesellschaft heraus ist mit chemischen Mittel so gut wie nicht möglich.

In der Nachbarschaft von Stauden- und Gemüsebeeten ist bei Anwendung von Sprüh- und Stäubemitteln doppelte Vorsicht vonnöten. Gifte und Hormone wirken auch auf sie.

»Unkraut«-Arten

Unkräuter sind den Rasengräsern durch mancherlei besondere Eigenschaften überlegen: Sie ertragen Unstimmigkeiten im Boden, wenn die Gräser leiden,

zeigen *sie* ihre Stärke, sie füllen die Lücke, die durch Beschädigung entstanden ist. Lücken entstehen immer wieder: durch zu tiefes Mähen, durch Mäuse- und Engerlingfraß, Maulwurfhaufen, Abschabungen usw. Bodenverdichtungen können das Verkümmern des Grases und damit das Ausbreiten des Unkrautes ebenso fördern, wie Nährstoffmangel, Versauerung oder Kalküberfluß.

Was ist es eigentlich, was uns bestimmte Kräuter und Gräser unbeliebt macht? Im Zierrasen sind es lediglich Störungen der Regelmäßigkeit. Blätter die anders aussehen in Länge, Breite und Farbe fallen auf, und Auffallen ist eben hier nicht duldbar. So darf nichts Blütenschäfte treiben oder gar blühen. In der Futterwiese sind es die Giftpflanzen, die Unergiebigen, die verholzenden Gräser und Kräuter, im Sportrasen diejenigen, die zu schnell vertrocknen, zu wenig fest verwurzelt und damit nicht scherfest sind oder diejenigen, die Gräser mit besseren Eigenschaften verdrängen.

Wenn man über jemanden spricht, sollte man ihm beim Namen nennen können, deshalb hier eine kleine Auswahl der Hauptstörenfriede im Gartenrasen:

– Schafgarbe *(Achillea millefollium)*
– Kriechender Günsel *(Ajuga reptans)*
– Gänseblümchen *(Bellis perennis)*
– Hirtentäschelkraut *(Capsella bursa-pastoris)*
– Hornkraut *(Cerastium holosteoides)*
– Gundelrebe, Gundermann *(Glechoma hederacea)*
– Habichtskraut *(Hieracium pilosella)*
– Hopfenschneckenklee, Gelbklee *(Medicago lupulina)*

Unerwünschtes im Zierrasen

- Spitzwegerich *(Plantago lanceolata)*
- Breitwegerich *(Plantago major)*
- Mittlerer Wegerich *(Plantago media)*
- Vogelknöterich *(Polygonum aviculare)*
- Gänsefingerkraut *(Potentilla anserina)*
- Braunelle *(Prunella vulgaris)*
- Scharfer Hahnenfuß *(Ranunculus acris)*
- Knollenhahnenfuß *(Ranunculus bulbosus)*
- Kriechender Hahnenfuß *(Ranunculus repens)*
- Wiesensauerampfer *(Rumex acetosa)*
- Kleiner Sauerampfer *(Rumex acetosella)*
- Stumpfblättriger Ampfer *(Rumex obtusifolius)*

- Liegendes Mastkraut *(Sagina procumbens)*
- Vogelmiere *(Stellaria media)*
- Löwenzahn *(Taraxacum officinale)*
- Kleiner Klee *(Trifolium dubium)*
- Weißklee *(Trifolium repens)*
- Brennessel *(Urtica dioica)*
- Gamander-Ehrenpreis *(Veronica chamaedris)*
- Faden-Ehrenpreis *(Veronica filiformis)*

Dazu aus den Familien der Binsengräser und der Gräser:

- Wolliges Honiggras *(Holcus lanatus)*
- Weiches Honiggras *(Holcus mollis)*
- Hainsimse *(Luzula campestris)*
- Einjähriges Rispengras *(Poa annua)*

Hier ist der erste Schritt zur Blumenwiese getan. Vorerst haben aber nur die bodennah blühenden Kräuter vom Rasen Besitz ergriffen.

Am meisten gefürchtet sind Schafgarbe, Gänseblümchen, Hornkraut, Braunelle, Kriechender Hahnenfuß, Löwenzahn, Weißklee und Fadenehrenpreis. Letzter wird von manchen Leuten als die Krone allen Übels angesehen.

Vielen dieser Pflanzen werden wir im Abschnitt über die Blumenwiese wieder begegnen, dort aber nicht mehr unter dem Vorzeichen des Ärgernisses. Dort stehen sie in der Aufzählung der Stützen des Grüns und sind schlicht »Kräuter«. Spricht das nicht alles sehr für die Wiese?

Schafgarbe *(Achillea millefolium)*
Die Schafgarbe dringt mit ihren zahlreichen unterirdischen Ausläufern, die sich häufig wie ein Netz ineinander verflechten, vor allem an trockenen und mageren Stellen in den Rasen vor. Dies bedeutet, daß sie Mängel (an Nahrung, Bewässerung, Belüftung) anzeigt. Das Jäten der Schafgarbe ist nur in sehr sandigen Böden zufriedenstellend durchzuführen. Man kann dort ganze Geflechte von Wurzeln und Trieben herausreißen.

Kriechender Günsel *(Ajuga reptans)*
Auf ähnliche Weise, wie die Schafgarbe, jedoch auf besseren, nährstoffreichen Böden und bei weitem nicht mit dem wilden Filz der Schafgarbe breitet sich der Kriechende Günsel aus.

Gänseblümchen *(Bellis perennis)*
Das Gänseblümchen kann aus der Rasenfläche ausgestochen werden, solange es dort noch als vereinzelte Pflanze sitzt. Schnell werden Horste aus ihnen und diese wiederum wachsen zu Flächen zusammen. Dann ist es mit der Beseitigung in Handarbeit aus, es sei denn, man gräbt sie um. Die Gänseblümchen pressen sich dicht an den Boden an. Die vielblättrigen Rosetten ersticken jeden feineren Grashalm, nur den gröberen Gräsern der Wiese können sie weniger anhaben.

Wenn das Ausstechen nicht mehr sinnvoll ist, lassen sich chemische Mittel gut anwenden. Da die Blattmasse groß ist, reagieren die Pflanzen schnell. Nach dem Absterben hinterlassen sie allerdings erhebliche Kahlstellen, die erst wieder mit Rasen bestockt werden müssen (durch Nachsaat oder Einsetzen kleiner Sodenstücke). Es fällt rein gefühlsmäßig nicht immer leicht, einem derart liebenswürdig aussehenden Pflänzchen den Kampf bis zur Vernichtung anzusagen. Bei manchen anderen Unkräutern ist das auch nicht viel leichter.

Hirtentäschelkraut *(Capsella bursa-pastoris)*
Das Hirtentäschelkraut ist ein- oder zweijährig. Es tritt vor allem im neuangelegten Rasen auf und das oft recht massiv. Dort deckt es die jungen Gräser sehr schnell zu, blüht und bildet in gleicher Eile Samen in großer Zahl. Diese besetzen nach dem Absterben der Mutterpflanze umgehend deren freigewordenen Platz. Die drahtartig zähen Pflanzen mit der wenig verzweigten Wurzel lassen sich mit einiger Kraftanwendung gut aus dem Boden ziehen, wenn er nicht festgetreten ist.

Hornkraut *(Cerastium holosteoides)*
Das Hornkraut ist Meister im Wuchern. Die dünnen, dicht beblätterten Stengel bilden mit den umgarnten Gräsern ein dichtes Geflecht und können schwerlich so ausgerissen oder ausgestochen werden, daß keine Reste, die alle wieder zu Keimzellen neuer Wucherei werden,

zurückbleiben. Es wächst auf allen Böden, die mehr basisch als sauer reagieren. Kalkhaltige und trockene fördern es bis zum Überdruß.

Gundelrebe *(Glechoma hederacea)*
Die Gundelrebe zieht Halbschatten vor und liebt nährstoffreiche Böden. Ernsthafte Probleme bringt sie kaum.

Kleines Habichtskraut *(Hieracium pilosella)*
Wie die Schafgarbe hat sich das Habichtskraut auf Stellen spezialisiert, auf denen sonst wegen Bodenmagerkeit und Trockenheit so gut wie gar nichts mehr wächst. Es findet sogar auf mit Ton vermischtem Schotter sein Fortkommen, wenn der Platz nur schön sonnig ist. Man sollte ihm eigentlich dankbar für diese Pioniertätigkeit sein. Habichtskräuter sind in mehr als einem Dutzend Arten verbreitet. Für unser Anliegen ist vor allem das Kleine Habichtskraut, wegen seiner behaarten Blätter, auch Mausohr genannt, zuständig.

Ferkelkraut *(Hypochoeris radiata)*
Das Ferkelkraut stört durch seine ausgebreiteten Blätter, kann aber, da es nicht wuchert, gut ausgestochen werden. Es zählt inzwischen schon zu den seltener gewordenen Kräutern.

Kleearten
Im Edelrasen kann keinerlei Kleegewächs geduldet werden. Es stört dort wie ein Soßenfleck auf dem weißen Damast der festlichen Tafel. Tolerant kann man denken beim üblichen Gebrauchsrasen. Wir nehmen da vieles hin, was nicht Gras ist, wenn es sich wenigstens im Wuchern zurückhält. Die Duldung hat aber Grenzen; läßt

man die kleinblättrigen und zartblütigen noch durchgehen fällt die Bereitschaft bei den derben. Der Gelbklee oder Hopfenschneckenklee *(Medicago lupulina)* verbreitet sich mit dünnen zähen Trieben von einer Basis aus. Er kann als ganzes Büschel ausgerissen werden sollte und das auch, weil er erhebliche Flächen von Rasengräsern deckt und erstickt. Dem Gelbklee sieht der Kleine Klee *(Trifolium dubium)* zum Verwechseln ähnlich. Sie unterscheiden zu können, hat aber für die Bekämpfung wenig Belang.

Der Kleine Klee ist einjährig und liebt trockene Lagen. Auffälliger und stellenweise sehr unbeliebt ist sein naher Verwandter, der Weißklee *(Trifolium repens)*. Er ist glücklicherweise mit den gängigen Mitteln im Zaum zu halten. Mit Vorliebe breitet er sich wuchernd aus. Zwar bringt er angenehmes Grün, stört aber durch die gänzlich andersartige Struktur doch erheblich und leider ist nun einmal auch »Grün nicht gleich Grün«; im Rasen heben sich die zartesten Farbschattierungen voneinander ab.

Der Weißklee macht oft auch an Stellen Ärger, die barfuß betreten werden. Seine Blüten locken in den Sommermonaten zahlreiche Bienen an. Das erfreut zwar die Imker, nicht jedoch die Barfüßer, die auf die nektarsammelnden Insekten treten und dafür manchmal einen Stich zwischen den Zehen oder auf der Sohle in Empfang nehmen müssen.

Häufige Rasenunkräuter (von links oben nach rechts unten): Weißklee (Trifolium repens), Löwenzahn (Taraxacum officinale), Gänseblümchen (Bellis perennis), Braunelle (Prunella vulgaris), Vogelmiere (Stellaria media), Faden-Ehrenpreis (Veronica filiformis)

Weißklee kann auch ohne Spritzmittel eingedämmt, wenngleich nicht vernichtet werden. Da er Stickstoff braucht, diesen aber selbst erzeugen kann, ist er gegen Gräser, die warten müssen, bis sie eine Spende zugeteilt bekommen, schnell in der Vorderhand. Gaben eines stickstoffhaltigen Düngers können für Ausgleich sorgen. Das Gras wird gekräftigt und kann sich besser behaupten. Besonders gut gedeiht Weißklee auf kalkreichen Böden. Die Rasengräser hingegen fühlen sich bei leicht saurer Bodenreaktion wohl. Mit entsprechender Düngung läßt sich das Gedeihen für den Rasen und gegen den Klee steuern, wenn als Dünger z. B. Schwefelsaures Ammoniak angewendet wird.

Bei sehr kleinen Flächen und noch geringem Befall ist es für Leute mit Geduld ganz vergnüglich, mit tastendem Finger den zähen Ausläufersträngen zu folgen und sie der Mutterpflanze zu entreißen, bis diese schließlich selbst mit Hilfe des Distelstechers gehoben wird.

Rotklee oder Wiesenklee *(Trifolium pratense)* wird im fleißig geschorenen Rasen durch das Kurzhalten gebändigt, jedoch nicht vertrieben. Im Gefüge der Blumenwiese ist Rotklee duldbar, wenn nicht gar erwünscht. Er ist dort schon meist Bestandteil des Saatgutes. Soll Blumenwiese rasenähnlich werden, ist frühes Mähen erforderlich, das auch in engem Turnus weitergehen muß. Im Gegensatz zum Weißklee hier nicht düngen, sondern, wenn es unbedingt sein muß, selektiv spritzen. Da der Rotklee keine Ausläufer treibt, ist er immerhin leichter auszustechen als der weiße. In »schweren« Fällen hilft am gründlichsten umgraben, durchfrieren lassen und neu einsäen. Am besten mit

»Zwischenkultur«, sprich Gründüngung mit Kapuzinerkresse oder *Phacelia*. Wenn diese gründlich betrieben wird, erstickt währenddessen alles, was man nicht haben will.

Luzerne *(Medicago sativa)*, einschließlich Bastardluzerne *(Medicago × varia)* und Sichelklee *(Medicago falcata)*, kann trotz hübscher Blüte sogar in der Blumenwiese störend werden, weil die dichten Drahtbüschel ihrer Blütentriebe alles um sie herumstehende niederwalzen. Temporäre Abhilfe und gleichzeitig Erfolgserlebnis: Frühzeitig heraussicheln, sonst ausstechen.

Steinklee *(Melilotus albus)* ist zweijährig und schon aus diesem Grund ungefährlich. Außerdem zieht er sich freiwillig in die Nische steinigen Ödlandes zurück. Dort sind wir froh, wenn überhaupt etwas wächst. Wenn die im folgenden Jahr noch stehenden holzigen Stengel stören, schlägt man sie um oder schneidet sie ab. Wenn der Steinklee überhaupt stört, muß er vor der Blüte geschnitten werden. So oft wiederholt, bis das Vorkommen erlischt. Esparsette *(Onobrychis viciifolia)*, Hornklee *(Lotus corniculatus)*, Hufeisenklee *(Hippocrepis comosa)*, Zaunwicke *(Vicia sepium)* und noch viele andere Kleeverwandte können wegen duldbarer Störfähigkeit vernachlässigt werden.

Häufige Rasenunkräuter (von links oben nach rechts unten):
Kriechender Hahnenfuß (Ranunculus repens), Mittlerer Wegerich (Plantago media), Kriechendes Fingerkraut (Potentilla reptans), Hornkraut (Cerastium), Mausohr-Habichtskraut (Hieracium pilosella), Hirtentäschelkraut (Capsella bursa-pastoris).

Wegerich-Arten

Die Wegerich-Arten, Spitz-, Breitwegerich und der Mittlerer Wegerich *(Plantago lanceolata, Plantago major, Plantago media)*, haben enorme Qualitäten, wenn es darum geht, ständigen Tritten standzuhalten. Ihre Namen sagen das schon. Da sie aber wie ein festgenagelter Teller, so dicht, breit und eng am Boden sitzen, viel zu platt, um von der Rasenmähmaschine angekratzt zu werden, sind sie dort nicht gern gesehen. Auch werden die Blüten- und Fruchtstände von den Spindelmähern nicht erfaßt. Sie biegen sich elastisch um und stehen wieder auf, wenn die Maschine über sie hinweggefahren ist. Der Sense und den Sichelmähern wird ein ähnlicher Streich gespielt, denn auch die jungen Blütenstengel erheben sich eilig. Sie haben darauf, wie es scheint, nur gelauert.

Die breiten Blätter bieten Spritzmitteln eine wirkungsvolle Aufnahmefläche, die Beseitigung des Wegerichs ist auf diese Weise nicht schwierig. Auch ausstechen ist ergiebig, da die Pflanzen in der Basis beisammenbleiben. Geschieht dies aber nicht sorgfältig genug, treiben sie aus der verbliebenen Wurzel neu aus.

Vogelknöterich *(Polygonum aviculare)*

Der Vogelknöterich besiedelt ebenso wie der Breitwegerich betretene Stellen mit dichtem Boden, geht aber weniger als dieser in den Rasen hinaus. Zudem ist er nur einjährig und als Unkraut somit zu ertragen. Die Beseitigung empfiehlt sich dennoch wegen der Samenbildung.

Gänsefingerkraut *(Potentilla anserina)*

Das Gänsefingerkraut wächst an feuchten Stellen, aber ebenso im Sand und verbreitet sich dort durch Ausläufer mit großer Geschwindigkeit. Es ist, wie der Wegerich, äußerst trittfest. Sein Name bringt es mit Gänsen in Beziehung, weil dieses Kraut früher, als das Federvieh noch auf die Weide am Fluß getrieben wurde, dort fast allein die ganze Vegetation bestritt. Wie kein anderes Gewächs überlebte es das unerbittliche und ständige Gezupfe, Gewatschel und auch den Vogelkot. Die silbrigen Blätter sind im Rasen fehl am Platz. Es spricht auf wenige Mittel an und läßt sich auch nicht sehr gut ausstechen. Die Bekämpfung ist daher nicht ganz leicht.

Braunelle *(Prunella vulgaris)*

Noch schwieriger hat es der Rasenbesitzer mit der Braunelle. Diese liebt besonders einen dichten, kalkhaltigen Boden. Mit dünnen Rhizomen schlüpft sie durch den Rasen. Viele Tochterpflänzchen verkrallen sich zwischen den Gräsern wie Läuse im Pelz. Sie auszurotten erfordert eine erhebliche Geduld.

Hahnenfußgewächse

Aus der Familie Hahnenfußgewächse machen sich 4 Arten als Rasenunkräuter unbeliebt. Es sind der Scharfe, der Knollenbildende und der Kriechende Hahnenfuß sowie das Scharbockskraut *(Ranunculus acris, Ranunculus bulbosus, Ranunculus repens* und *Ranunculus ficaria)*. Am erträglichsten ist letzteres, weil es sich als Frühjahrsblüher den Sommer über in seine Knöllchen zurückzieht.

Ganz unerfreulich ist dagegen der Kriechende Hahnenfuß. An langen Ausläufern bilden sich reihenweise neue Pflanzen, die sich mit drahtzähen Wurzeln im Boden verankern. Eine Plage bildet dieser Hahnenfuß, wenn er aus dem Rasen heraus in offenen Boden, in Beete vordringt und so z. B. unter die Johannisbeersträucher wandert, dort vielleicht ein halbes Jahr unbemerkt weiterwuchert und gar noch Samen ausstreut. Umgraben der Fläche ist das mindeste, was zu tun ist. Aber auch das nützt überhaupt nichts, wenn nicht alle Pflanzen sorgfältig ausgezogen werden, da diese sogar unter den Erdschollen am Leben bleiben. Chemische Mittel, die Gehölzen nicht schaden, können aber mühsame Arbeit ersparen. Im Rasen ist der Kriechende Hahnenfuß äußert lästig. Die sympathischen gelben Blüten vermögen das nicht auszugleichen. Auf trockenen, kalkhaltigen Böden wird man zumeist den Knollenbildenden Hahnenfuß finden, der weit weniger wuchert.

Ampfer
Ampfer sind zwar auf verschiedenen Böden verbreitet. Der Sauerampfer *(Rumex acetosa)* und der Stumpfblättrige Ampfer *(Rumex obtusifolius)* auf nährstoffreichen, der Kleine Ampfer *(Rumex acetosella)* auf mageren und trockenen Böden. Sie werden aber selten lästig. Dem Stumpfblättrigen Ampfer vor allem muß man dringend das Auswachsen auf dem Humuslager verwehren. Er darf dort auf keinen Fall zum Aussamen kommen sonst hat man im späteren Rasen für eine Weile mit Tausenden der breitblättrigen rötlichen Jungpflanzen zu schaffen.

Vogelmiere *(Stellaria media)*
Die Vogelmiere ist kurzlebig (ein- bis zweijährig), aber ungemein vermehrungsfreudig. Damit ist ihr doch ein scheinbar immerwährendes Leben verliehen. Da sie frischen offenen Boden zum Gedeihen braucht, wird sie eingewachsenem Rasen kaum schädlich.

Liegendes Mastkraut *(Sagina procumbens)*
Weit verbreitet ist das Liegende Mastkraut. Es gedeiht besonders mit Stickstoff und in feuchten Bodenverhältnissen. Der dichte Filz, den die Pflanze schnell bildet, ist nicht leicht bekämpfbar, gerade auch mit chemischen Mitteln nicht.

Löwenzahn *(Taraxacum officinale)*
Als Unkraut schlechthin wurde vielfach und wird immer noch der Löwenzahn angesehen. Nicht einmal die Landwirte schätzen ihn und auch sie sind dazu übergegangen, ihm chemisch nach dem Leben zu trachten. So bedenklich einen das stimmen mag, denn welche Wiese kann mit der Löwenzahnwiese an strahlender Blütenkraft konkurrieren, die Gefahr der Ausrottung besteht nicht. Der Löwenzahn wird erst verschwinden, wenn die ganze Erdoberfläche zur Halbwüste geworden ist.

Viele Gartenbesitzer sind in ständiger Sorge vor dem Samenanflug von benachbarten »Unkraut«-, sprich Löwenzahn- und Disteläckern oder ungepflegten Rasenflächen her und haben dagegen gar schon gerichtliches Einschreiten gefordert. Diese Gefahr wird übersteigert gesehen. Sie besteht nur dann ernsthaft, wenn die abfliegenden Samen bei ihrer Landung offenen Boden vorfinden. Das ist in der Zeit vor der Raseneinsaat gegeben, wenn der Boden ab Mitte Mai und im Juni bloß liegt, oder wenn die aufgegangene Saat noch sehr frisch und dünn ist. In eine gut gepflegte, dicht gewachsene Rasennarbe dringt der angeflogene Samen nur unter hohen Verlusten ein. Es müssen viele Hundert Fallschirme landen, bis die Fracht eines einzigen einmal Wurzel fassen kann. Löwenzahn ist mit chemischen Mitteln ohne Schwierigkeiten zu beseitigen. Es gibt dafür eine ausreichende Auswahl. Die Angaben für die Anwendung müssen selbstredend, wie überall, sorgfältig befolgt werden, wenn man Erfolg erwartet. Wenn sich noch nicht allzuviele Pflanzen im Rasen befinden, führt auch das Ausstechen zur Hilfe – bei mäßigem Aufwand. Nur muß die ganze fleischige Wurzel aus dem Boden, da die verbliebenen Stücke sonst alsbald neue Knospen und Blätter in vermehrter Zahl bilden. Der Löwenzahn ist bei seinen Wuchsplätzen nicht übermäßig wählerisch. Obwohl er nahrhaften Boden liebt, grünt und blüht er auch im Wegeschotter und in der Fuge zwischen Platten.

Ehrenpreis

Ein großes Rasenübel trägt einen freundlichen Namen im lateinischen und einen stolzen im deutschen: *Veronica*, der Ehrenpreis. Es kommen, der Acker-Ehrenpreis *(Veronica agrestis)*, der Feld-Ehrenpreis *(Veronica arvensis)*, der Quendel-Ehrenpreis *(Veronica serpyllifolia)* und noch andere vor.

Der Oberwucherer aus dieser Familie, ursprünglich ein Fremdling in unseren Gärten, wird Faden-Ehrenpreis *(Veronica filiformis)* genannt. Er bringt den Rasen flächenweise zum Ersticken und ist weder durch Mähen noch durch Jäten auszurotten. Auch fast alle chemischen Mittel versagen. Mit geballter Vermehrungskraft verbreitet er sich kriechend, samenstreuend und sogar noch mit Hilfe der beim Mähen abgetrennten Teile. So sympathisch dem Unbefangenen die zartblaue Millionenblüte sein mag, die für kurze Zeit alles Grüne überdeckt, so gewiß ist die Tatsache, daß dieses als einzelnes so unscheinbare Gewächs schon manche Rasenfläche ruiniert hat.

Binsen und Gräser

Der Binsen und Gräser unter den ungebetenen Gästen ist nur Herr zu werden, wenn man sie einzeln heraussticht oder alle anderen Pflanzen mitvernichtet. Das heißt nichts anderes, als alles abzutöten, neu einzusäen oder umzupflügen und aufs Neue zu säen. Zum Glück zeigt sich beispielsweise das Wollige Honiggras *(Holcus lanatus)* wie auch das Weiche Honiggras *(Holcus mollis)* in der Regel in ziemlich habhaften Exemplaren, die einem beim Ausstechen den Kompostkorb schnell füllen. Außerdem erscheinen sie mehr vereinzelt, als in nicht zu bewältigenden Mengen. Hier ist die Handarbeit wirklich die sparsamste und gleichzeitig wirkungsvollste Methode.

Moos

Moos ist ein Anzeichen dafür, daß etwas im Boden »nicht stimmt« d. h., etwas in Beziehung auf den Rasen stimmt nicht, denn für das Moos sind die Voraussetzungen für ein Gedeihen durchaus gegeben. Es tritt dort auf, wo der Boden vernäßt und nicht durchlüftet ist, wo es an Nährstoffen für das Gras fehlt. Diese Einflüsse bewirken eine Verdünnung des Rasens, wodurch der Mooswuchs doppelt gefördert wird, denn Moose schätzen Extremverhältnisse ohnedies. Wenn die Rasennarbe dicht geschlossen ist, kann sich kein Moos breitmachen. Deshalb kann es auch durch zu tiefes Mähen gefördert werden.

Hinzu kommt, daß Moos auch bei kühler Witterung, also schon zeitig im

Frühjahr und noch spät im Herbst gedeiht. Zu diesen Zeiten regt sich im Gras noch wenig Wachstum. Baumschatten ist auch eine Ursache für Vermoosung, aber keine alleinige, denn auch an sonnigen Stellen wachsen Moose. Moos wächst fast überall, wo andere Pflanzen kein Auskommen mehr finden. Es ist von sich selbst aus nicht befähigt, andere Pflanzen zu verdrängen und zu ersticken. Oft spricht dafür freilich der Anschein, stets aber sitzt die Ursache tiefer. Der vorhandene Moosfilz kann mit dem Eisenrechen ausgekratzt werden. Aber er kommt wieder! Ehe man daran geht, chemische Mittel anzuwenden – solche gibt es selbstredend – oder wenn eine Dauerwirkung erzielt werden soll, muß gegen die Ursachen vorgegangen werden. Anders ist die Arbeit gegen Moos sinnlos. Es ist also für Entwässerung zu sorgen, der Boden ist zu belüften, der Humus zu verbessern und der Rasen durch Düngung wieder zu ordentlichem Wachstum anzuspornen.

Als Dünger ist Schwefelsaures Ammoniak (100 g/m^2, auf mehrere Gaben aufgeteilt) günstig. Es wirkt verstärkt, weil es das Moos schädigt und gleichzeitig den Graswuchs antreibt. Die Mittel für die eigentliche Moosbekämpfung enthalten Eisen-II-Sulfat. Zusammen mit Ammoniumsulfat wurde dieses früher im sogenannten Rasensand mit 130 g/m^2 im Herbst oder Frühjahr angewendet.

Die Ausbreitung von Flechten hat ähnliche Ursachen wie die von Moosen. Algen können auf feuchten Böden bei Neusaat auftreten und Schaden anrichten.

Was kann man tun gegen Moos im Rasen? Empfehlung: Das Moos lieben! Doch, nicht alle Leute lassen sich zum Mooslieben überreden. Wir sind ja schließlich keine Japaner! Denen gefällt es. Also wird es wohl auch weiterhin beharrlich bekämpft werden.

Krankheiten und Schädlinge im Rasen

Pilzkrankheiten

Auch durch Pilze kann ein Rasen Schaden erleiden oder wenigstens gestört aussehen. Doch sind die meisten als Pilzgestalten erkennbaren Erscheinungen ziemlich oder auch gänzlich harmlos. Sie sitzen vielleicht auf im Boden vermodernden Holzstücken und bleiben aus, sowie deren Substanz verbraucht ist. Andere haben mit dem Geflecht ihres Myzels unsichtbar den Boden durchsetzt. Sie treiben einmal im Jahr oder in mehreren Schüben den Sommer und Herbst über ihre Fruchtkörper, das, was wir »Pilz« nennen. Diese töten die direkt bei ihnen stehenden Gräser ab, entweder durch Verdrängung oder bei ihrem Zerfall durch die Überdosis des freiwerdenden Stickstoffes. So entstehen Löcher oder in der Regel dünne, kreisförmig gekrümmte Streifen, in denen der Boden sichtbar ist, beidseitig von üppig grünenden Gräsern begleitet. Diese Streifen wachsen schnell wieder zu, wenn der Pilzkörper verfault ist. Nur die sattgrüne Farbe bleibt für einige Zeit.

Solche Pilze leben mehrere Jahre. An einem Punkt siedeln sie sich an. Radial wachsen sie weiter jedes Jahr ein Stück mehr. In der Richtung, aus der sie kommen, sterben sie ab. So entstehen Kreise, die immer größer geraten. Seit der Zeit, in der für die grünen Ringe noch keine natürliche Erklärung gefunden war, heißen sie Hexenringe. Da sich die abgestorbenen Partien von selbst wieder schließen, wäre bei etwas toleranter Einstellung kein Anlaß, mit scharfen Waffen gegen die Pilze vorzugehen. Doch viele stört die Unregelmäßigkeit, das längere und dunklere Gras in der sorgfältig geschnittenen Rasenfläche. Auch sind die Unkräuter, die sich schnell in den offenen Stellen einnisten, ein Ärgernis.

Das Sammeln oder Zerstören der Fruchtkörper, allgemein »Pilze« genannt, ist wirkungslos, da der eigentliche Pilz als Myzel im Boden verbleibt. Die chemische Industrie hat »Fungizide« geschaffen, meist Kupfer- und Schwefelpräparate, die zur Pilztötung gespritzt oder gestäubt werden können. Krankheiten sind diese Formen von Pilzbefall nicht. Doch der Rasen kann durch Pilze auch wirklich erkranken. Sie können ihn selbst befallen, ihn schädigen und abtöten. Einzelne Grasarten und -sorten sind anfälliger, andere widerstandsfähiger. Im fertigen Rasen erkranken vorzugsweise Straußgras, Weidelgras und Wiesenrispengras, nicht selten in ausgedehnten Flächen. Zwei Pilzarten, der Schneeschimmel *(Fusarium nivale)* und das Herbstrot, auch Rotspitzigkeit *(Corticium fuciforme)* genannt, kommen häufiger vor als andere. Der von ihnen befallene Rasen stirbt flächenhaft ab, bei Corticium-Befall allerdings kaum je in einem Umfang, der ins Gewicht fiele. Hier ist zumeist Rotschwingel betroffen. Um dem Schneeschimmel vorzubeugen, empfiehlt es sich, den Rasen spät im Herbst zu mähen, kurz, aber nicht allzu kurz. Späte Stickstoffdüngung ist zu vermei-

Beim Zerfall der Pilzkörper im Herbst wird Stickstoff frei. Dadurch ergrünt der »Hexenring«. Bekämpfung an einer solchen Stelle wäre unsinnig.

den. Der Schimmel entwickelt sich vor allem in den Wintermonaten und besonders gern unter der Schneedecke. Je länger diese liegt, desto breiter und auffälliger zeigt sich das Schadbild. Pilzkörper treten bei diesem Befall nicht in Erscheinung, aber die Folgen sehen unterschiedlich aus, wenngleich das Ergebnis ein und dasselbe ist: abgestorbene Pflanzenteile oder ganze Pflanzen tot.

Wissenschaftlich werden mehr Pilzkrankheiten unterschieden, als man gemeinhin annimmt. Für viele gibt es keine zugelassenen Bekämpfungsmittel. Das sollte akzeptiert werden, denn das angewendete Gift kann schädlicher sein, als das mit seiner Hilfe bekämpfte Übel. Auch im Verhüten des Pilzbefalls beugt in vielen Fällen gute Bodenbeschaffenheit bzw. eine Bodenverbesserung, richtige Düngung und richtiges Mähen des Rasens wie auch das Vermeiden von Überstrapazierung einem schädlichen Pilzbefall vor.

Pilze können den Rasen schon befallen, solang er noch als Samen im Boden liegt. Andere schädigen den Keimling in der Erde und wieder andere, wenn er aufgegangen ist. Diese Pilze treiben ihr Unwesen mehr oder weniger im Verborgenen und oft unerkannt, sind dadurch aber gerade besonders schädlich. Man bemerkt nur, daß keine Keimlinge sichtbar werden, daß sie ungleichmäßig und lückenhaft stehen oder im Jugendstadium gelb werden und verfallen. Die Krankheitserscheinungen heißen Wurzelbrand, Wurzeltöterkrankheit, Schwarzbeinigkeit, Blattfleckenkrankheit und ähnlich. Jede hat einen anderen Verursacher. Diesen Schäden kann begegnet werden, indem für die Saat beste Verhältnisse geschaffen werden, d.h., den Boden gut lockern, auf ausreichende Bodenwärme achten, Bodennässe vermeiden, nicht zu dicht und nicht zu tief säen. Altes oder unzulänglich gelagertes Saatgut ist anfälliger als frisches, gesundes, wenn nicht überhaupt schon tot. Zuviel Beregnen fördert Pilzbefall im jungen Gras. Mangel an Nahrung kann ebenso wie Überdüngung Pilze auf den Plan rufen. Je nach Ursache könnte sowohl eine Kräftigung durch Düngen, wie im andern Fall das Aussetzen der Stickstoffgaben bei gleichzeitigem Übergehen zu Volldünger eine Hilfe bedeuten.

Die Dollarfleckenkrankheit *(Sclerotinia)* tritt in schlecht entwässerten und unzureichend durchlüfteten Böden auf. Sie befällt überwiegend Straußgras und Rotschwingel. Zu sehen sind kleine Flecken, die sich zu größeren, etwa 5-DM-Stück großen, vereinigen. Der Rasen sieht gelb-braun aus. Das Übel kann durch Spritzmittel (nach Verbesserung der Bodenverhältnisse) bekämpft werden.

Als weitere Pilzschädigungen seien hier lediglich noch Rost und Mehltau wenigstens namentlich erwähnt. Das Vorgehen mittels Spritze und Stäubegerät gegen Rost und Mehltau im Rasen wird wohl nur in Ausnahmefällen sinnvoll sein. Zugelassene Mittel gibt es gegen Rost. Bei Mehltau sollen Kalium, Phosphate und Silikate befallshemmend, ein Zuviel an Stickstoff, Calcium und Magnesium dagegen fördernd wirken. Die Rostgefahr wird durch Stickstoff-Überdüngung und Kalimangel erhöht.

Tierische Schädlinge

Die tierischen Schädlinge des Rasens führen zumeist ein heimliches Leben. Diejenigen, die ihm von oben her zusetzen, schaden ihm mehr durch den Tritt ihrer Hufe, Krallen und Pfoten, vielleicht auch durch ihre Ausscheidungen, als durch Fraß, wenn es sich um

Pferde, Hühner oder Hunde handelt. Was dem Gras aber wirklich an den Lebensnerv geht, frißt unterirdisch entweder als Nagetier oder als Insekt bzw als dessen Larve.

Feldmaus
Auf der Erdoberfläche legt sie sich säuberlich geglättete Laufwege an, die sich verzweigen und in mehreren Löchern münden. Sie lebt sowohl oberirdisch als auch in der Erde und ernährt sich von den für uns sichtbaren Pflanzenteilen wie auch von den Wurzeln. Durch Fraß sowie die ausgegrabenen Löcher und Gänge und die ausgescharrte Erde richtet sie erheblichen Schaden an, denn sie tritt nicht als Einzelgänger, sondern immer in größerer Zahl auf. Der Katze, dem Wiesel und dem Bussard entwischen immer noch so viele Mäuse, daß wir selber bei der Jagd mithelfen müssen. Abgesehen davon, daß die Mausjäger des freien Feldes unsere Gärten meiden.

Fallenstellen ist möglich, erfordert aber Geduld und Ausdauer. Hierbei können ganz gewöhnliche Schlagfallen mit einem Stück Mohrrübe oder geröstetem Brot als Köder benutzt werden. Im Kampf gegen die Feldmaus ist leider nach wie vor Gift die wirksamste Waffe. Viele der Gifte, die schädlichen Säugetieren zugedacht sind, wirken aber auch auf andere Warmblüter. Wer sie anwendet, muß an die Verantwortung denken, die er dabei trägt. Wie oft werden sie noch einfach verstreut!

Pilzkrankheiten des Rasens (Schadbilder).
Oben links und rechts: Hexenringe.
Mitte links und rechts: Rostkrankheiten.
Unten links und rechts: Rotspitzigkeit
(Corticium fuciforme).

Viele Tiere kommen dadurch »unschuldig« in Gefahr. Das Giftgetreide, das gegen die Mäuse angewendet wird, ist mit Zinkphosphid präpariert und zur Warnung vor Mißbrauch auffallend gefärbt. Tieren sagt die Warnfarbe aber gar nichts, sie nehmen das vermeintliche Futter auf und kommen zu Schaden. Es ist sehr wichtig, wie beim Umgang mit allen Giften, die Sicherheitsregeln genau zu beachten. Die Giftkörner sind wirklich so tief in den Mäusegang zu legen, daß mit Sicherheit kein Vogel danach picken kann. Trotzdem können sie von der Maus mit Erde wieder ans Tageslicht geschoben werden. Die Auslegestelle ist also zu überwachen. Wohl dem Gartenbesitzer, der eine Katze hat (die noch mausen darf!).

Im fleißig gemähten Rasen wird die Feldmaus wenig Schaden stiften, denn ohne durch höheres Gras gedeckt zu sein, bewegt sie sich nicht gerne. Sie liebt Deckung zum Unterschlüpfen, eine Bodenfurche, einen Stein, Grasbüschel oder ähnliches. Sie wird sich also eher im Staudenbeet oder in seltener gemähten Rasenflächen gütlich tun. Leider frißt sie im Winter ebenso wie im Sommer.

Wühlmaus

Die Wühlmaus scheut den Aufenthalt im Freien. Sie bekommt man meist nur tot oder durch Zufall zu sehen, wenn sie notgedrungen vom Acker auf der

Pilzkrankheiten des Rasens (Schadbilder).
Oben links und rechts: Schneeschimmel (Fusarium nivale).
Mitte links und rechts: Dollarfleckenkrankheit (Sclerotinia homoeocarpa).
Unten links und rechts: Blattfleckenkrankheit (Helminthosporium vagans).

einen Straßenseite auf den jenseitigen überwechseln muß. Sie ist nicht so flink wie ihre Verwandte. Das Verweilen im Boden wäre ihr daher ohnedies anzuraten. Zudem nährt sie sich ausschließlich von Wurzelkost, Wurzeln, Rüben, Knollen verschiedener Art, wenn sie nur dick und schmackhaft sind. Dem Rasen schadet sie daher mehr durch die eingewühlten Gänge und den damit unterbrochenen Wurzelschluß als durch Nagen.

Hat man aber eine Familie dieses lichtscheuen Wühlers im Garten, wird man ihrer unter allen Umständen habhaft werden wollen. Hier hilft die Katze wenig und noch weniger die Schlagfalle. Es ist eine Spezialfalle nötig, die es in verschiedenen Konstruktionsformen gibt. Der geübte Mäusefänger verwendet Drahtringfallen, die er paarweise in den geöffneten Gang steckt, eine links, eine rechts. Ein Köder ist nicht nötig. Die Maus läuft blindlings in die Falle und schiebt die Sperre beiseite. Wichtig ist eine sorgfältige Sondierung der Gänge und eine luftdichte Abdeckung. Die Wühlmaus ist mißtrauisch, wenn Licht in ihre Röhre fällt. Außerdem scheint sie vorzügliche Geruchsnerven zu besitzen. An Falle oder Deckerde sollten also nicht zu viel Menschengeruch haften bleiben.

Einfacher zu handhaben sind Röhren- und Zangenfallen, denen von außen gleich anzusehen ist, ob sie zugeschnappt oder noch offen sind. Die Drahtringfalle bietet diesen Vorteil nicht. Der Fachmann hat ihn auch gar nicht nötig, er sieht dem Gang an, ob er belebt ist oder nicht. Kann das konstatiert werden, dann läßt auch die Beute nicht lang auf sich warten, oft auch eine zweite, dritte oder vierte nicht. Wie sieht eine Röhre aus, die Erfolg verspricht? Sie liegt tief (15 cm und tiefer), hat eine auffallende Weite und glatte Wände. Aus einem Mausegang, durch dessen Wände bereits wieder dünne Pflanzenwurzeln hereinwachsen, ist niemals eine Maus zu holen. Es hat nicht viel Sinn, nur eine Wühlmaus zu fangen, man muß der ganzen Sippe habhaft werden und diese kann sich in ein und derselben Röhre bewegen. Deshalb, das wurde schon angedeutet, die erfolgreiche Falle getrost mehrmals im selben Loch aufstellen. Gegen die Wühlmaus wird auch mit Gift vorgegangen. Eine Substanz, verströmt im Boden, durch dessen Feuchtigkeit ausgelöst, ein todbringendes Gas (größte Vorsicht bei der Anwendung!).

Maulwurf

Zu Unrecht wird der Kleinäugige mit den Grabschaufeln und dem schwarzen Samtpelz als Schadensstifter verdächtigt. Gewiß, er kann eine Rasenfläche durch die eingeschobenen Gänge und die aufgeworfenen Haufen ziemlich ruinieren. Bei dieser Grabtätigkeit stellt er aber den wirklichen Schädlingen, den Drahtwürmern, Erdraupen und Engerlingen nach und erlöst uns von diesen. Daß er dabei auch Regenwürmer nicht verschmäht, sei ihm gegönnt, ihre Vermehrungsfähigkeit füllt die Lücken schnell wieder auf. Pflanzliches jedenfalls rührt er nicht an.

Wer ihn als zu lästig empfindet, kann ihm mit Hilfe von Monochlorbenzol vertreiben. Geschickte Leute lauern ihm auf, wenn er im Herbst seine Haufen schiebt. Sie erkennen die frischen an der dunklen Farbe der Erde, mit der sie sich von den oberflächlich getrockneten oder reifbedeckten der älteren abheben. Ein tief genug angesetzter

Schlag mit der Haue holt den Maulwurf aus dem Boden und (hoffentlich) unversehrt kann er in ein Revier getragen werden, in dem er keinen Ärger bereitet. Anschleichen zum entscheidenden Schlag muß der Fänger sich aber wie die Katze auf Samtpfoten; der Maulwurf hat ein hochleistungsfähiges Gehör.

Insekten

Ernsthafte Rasenschädiger haben wir im Insektenreich zu suchen. Vielerlei Larven, Eulenraupen und Engerlinge nagen in oft großer Zahl an den Wurzeln. Den klassischen Engerling, der Larve des Maikäfers, wird man heute vielleicht sogar gewähren lassen, ist sein geflügeltes Endprodukt doch mit den Jahren zu einer vielgeliebten und gesuchten Rarität aufgerückt. Ähnliches könnte für die athletisch gebaute Maulwurfsgrille gelten, die sich sowohl als Larve, wie auch als fertiges Insekt sehr gefräßig an den unterirdischen Pflanzenteilen mästet. Wer von den jungen Menschen bekommt dieses Tier wohl jemals noch vor die Augen oder vernimmt sein schwer zu ortendes Trillern in einer Sommernacht! Trotz möglicher Sympathie – wenn neben dem Rasen noch ein Gemüsebeet liegt, hört die Duldung auf, da ist die Gefahr des Kahlfraßes im Salatbeet denn doch zu groß. Die Werre, wie sie auch heißt, kann in Fallgruben, mit Dosen oder Blumentöpfen ausgelegt, gefangen und mittels Kleinködern, die mit Lindan präpariert sind, getötet werden.

Manches Insekt schenkt den Rasenpflanzen keinerlei Beachtung mehr, wenngleich es ihnen im Zustand der Larve gewaltig zu Leibe gerückt ist. Larven müssen viel fressen, bis sie die nötige Körpersubstanz aufgebaut haben. Die einen schaffen dies in einem Frühjahr, andere halten sich 3 oder 4 Jahre im Boden auf und fressen und fressen. Sie nagen und raspeln ständig an Pflanzenwurzeln oder an den bodennahen Teilen herum. Eine Rasenfläche kann diese Belastung verkraften, solange die Fresser in geringer Zahl auftreten. Wächst die Zahl der gefräßigen Tiere jedoch auf 30, 50 oder 100 je Quadratmeter heran, dann kann das Nachwachsende das Abgeweidete nicht mehr ersetzen. Jetzt stirbt nicht mehr das eine oder andere Pflänzchen, von den benachbarten alsbald ersetzt, es stirbt der Rasen als Gesamtheit auf kleiner oder größerer Fläche. Nur die ungenießbaren Gewächse, die mit den besonders zähen Wurzeln, bleiben am Leben. Zufälligerweise und leider sind das diejenigen, die wir Unkräuter nennen.

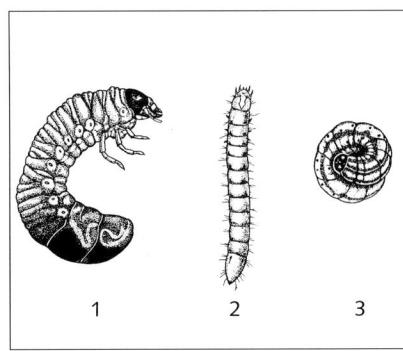

1 = Engerling, 2 = Drahtwurm, 3 = Erdraupe.

Schnakenlarven

In erstaunlichen Mengen – mehrere Hundert je Quadratmeter – können Schnakenlarven den Rasen bevölkern. Da sie bis 4 cm lang werden, verbrauchen sie in den wenigen Frühjahrsmonaten erhebliche Nahrungsmengen. Das zeigt deutliche Auswirkungen im Rasen. Die Anwendung von Gift ist, wie auch in anderen Fällen, eine Notlösung. Früher wurden starke Gifte eingesetzt, die z. B. wie bei E 605 den Wirkstoff Parathion enthalten. Zum Glück hat der biologische Pflanzenschutz in den letzten Jahren bedeutende Fortschritte gemacht. So werden zur Bekämpfung mancher Schadinsekten deren winzige Feinde gezüchtet und in handlichen Packungen zum Kauf angeboten. Das sind vornehmlich Schlupfwespen (diese mehr in geschlossenen Räumen) und Fadenwür-

mer, auch Nematoden genannt. Die Nematoden können, im Gießwasser verteilt, mit der Kanne über den von Larven befallenen Flächen ausgebracht werden. Die mit freiem Auge kaum sichtbaren Lebewesen suchen sich zielsicher ihren Wirt und vernichten ihn. Bei anderen Lebewesen richten sie keinen Schaden an.

Drahtwürmer

Um keinen Deut besser als die Schnakenlarven treiben es die zurecht gefürchteten Larven der Schnellkäfer, die als Drahtwürmer sogar einen eigenen Namen verliehen bekamen. Sie fressen nicht nur 2 Monate, sondern 3 bis 4 Jahre, bis sie sich als Puppen in den Ruhezustand begeben.

Engerlinge

Die Gruppe der Engerlinge zeigt eine ganz ähnliche Lebensweise und benötigt eine ebensolange Entwicklungszeit. Engerlinge gibt es nicht nur vom Feld- und Wald-Maikäfer, sondern noch von einigen Verwandten, z. B. vom Gartenlaubkäfer, vom Juni- und Julikäfer und vom Getreidelaubkäfer. Die dicksten und gefräßigsten bringt der Maikäfer hervor. Dieser, obgleich durch rigorose Vergiftungsaktionen in einer zum Glück vergangenen Zeit gewaltig dezimiert, tritt gebietsweise von Zeit zu Zeit immer noch in größeren Flügen auf und kann dann in den darauffolgenden Jahren eine Schadenwelle zur Folge haben. Jedoch sehen ihm auch seine Widersacher nun gelassener entgegen, als in der Epoche, in der der Glaube an die Regulierbarkeit der Natur noch ungetrübt war und von Rücksichtnahme noch nicht viel gesprochen wurde.

Eulen- und Erdraupen

Eulen- und Erdraupen sind die Larven von Nachtschmetterlingen (Eulen). Sie erreichen ebenfalls eine ansehnliche Größe, leben tagsüber verborgen in der Erde und fressen in der Nacht mit großem Appetit an oberirdischen Pflanzenteilen. Vergeblich dreht und wendet man bei Tageslicht die angenagten Blätter; der Urheber des Schadens hat sich trefflich verborgen. Bekämpft werden sie durch Nachgraben in der Nähe der Fraßstellen oder aber mit Gift in Form von Lindan-Präparaten und vergifteten Weizenkleieködern.

Haarmückenlarven

In der Größe bescheidene, in der Zahl aber unter Umständen erhebliche Larvenarten sind die Larven der Markushaarmücke und der Gartenhaarmücke. Sie leben in dichten Gruppen eng beisammen und benagen die Pflanzen dicht an der Erdoberfläche. Dadurch sterben diese flächenweise ab.

Regenwurm

Daß der Regenwurm zu den nützlichsten aller Tiere gezählt werden kann, dürfte erwiesen sein. Manche Leute mögen aber seine Kothäufchen nicht, die er auf der Rasenoberfläche hinterläßt. Feine Gräser können an ihnen in der Tat ersticken. Wer die Vermehrungsfreudigkeit des Regenwurms einschränken möchte, ohne ihn zu töten, kann dies dadurch tun, daß er beharrlich verwesliche Stoffe – Blätter, Rasenschnittgut – entfernt und keine organischen und keine kalkhaltigen Düngemittel anwendet, sondern statt dessen physiologisch sauer wirkende wie schwefelsaures Ammoniak wählt.

Ameisen

Ameisen können Schadstellen erzeugen, wenn sie ihre »Nester in Form von Häufen oder Häufchen aufbauen. Auch fressen manche Arten Gräser an deren Basis an. Zu heftigen Schäden wird es aber bei regelmäßigem Mähen des Rasens nicht kommen.

Hund

Ein größeres Tier muß nun noch erwähnt werden, gegen das man allerdings weder mit Gift noch mit der Falle vorgehen wird. Es ist unser Hausgenosse, Freund Hund. Vor allem die Hundedamen müssen sich der Urheberschaft manch rätselhafter Flecken im Rasen bezichtigen lassen. Sie sind braun von abgestorbenem Gras und rings umkränzt von einem schmalen, kräftig grünen Rand, der auf Überdüngung weist. Diagnose für die »verbrannten« und die saftgrünen Gräser: Verätzung und Mästung durch Düngemittel. Gegenmittel: rechtzeitiges kräftiges Wässern des Rasens, Erziehung des Hundes.

Zum Umgang mit Giften

Zusammenfassend zu den Abschnitten über Unkräuter und Schädlinge im Rasen ist noch zu sagen, daß es Bekämpfungsmittel gegen und Förderungsmittel für fast alles im Handel gibt. Bestimmte Marken können hier nicht gut empfohlen werden. Ob sie Gifte sind oder nicht, das kommt auf ihre Konzentration an und darauf, auf wen oder was sie wirken und wen oder was sie schonen sollen. Wären sie rundherum ungiftig, dann wären sie in dem bestimmten ihnen zugedachten Fall ebenso wirkungslos. Auf je mehr Lebewesen sie schädigend einwirken und je stärker sie dies tun, danach wird die »Giftigkeit« wohl zu bemessen sein, vor allem, wenn sich unter den Betroffenen Lebewesen befinden, die nach unserer Meinung verschont bleiben müßten.

Gräser und Kräuter sind verdorrt: Schadbild in einem trockenen Sommer. Grund: Der Humusauftrag über dem Betonfundament des Randsteins ist zu dünn.

Die Einstellung der Menschen schwankt zwischen den Extremen »anwenden« und »ablehnen«. Dazwischen liegt die große Breite der unterschiedlichen Konsequenz. Die Konsequenz unterliegt vieler Täuschung, wozu auch die Selbsttäuschung zählt. Man kann eigentlich nicht ernsthaft sagen, Gift kommt mir nicht in den Garten, wenn man eine mit Alkoholika aller Arten wohlausgestattete Bar im Haus und die Zigarettenpackung in der Tasche hat und täglich seine Tassen Kaffee konsumiert.

Unerläßlich ist, daß der Griff zur Büchse mit dem Stäubemittel und zur Flasche mit dem Sprühkonzentrat erst dann erfolgt, wenn die mechanischen Möglichkeiten wie Fangen des Schädlings, Jäten des Unkrauts und alle natürlichen Maßnahmen nicht mehr den nötigen Erfolg bringen. Unerläßlich ist es auch, stets objektiv zu prüfen, ob wirklich Gefahr besteht oder ob diese nur eingebildet ist. Giftanwendung darf nicht zur Gewohnheit, zum Reflex oder gar zur Manie werden.

Weiterhin ist es unerläßlich, die Anwendungsvorschriften genau zu befolgen. Wenn Gifte auf den schlampigen Anwender so spontan wirken würden wie die Kreissäge auf die Hand oder das Feuer auf die Haut, dann wäre die Gefahr, die zum großen Teil in den Spät- und Nebenwirkungen liegt, leichter zu bannen. Um so mehr müssen Sorgfalt, Gewissenhaftigkeit und Selbstkontrolle jeden Fehlgebrauch vermeiden helfen. Für die Beurteilung der Mittel, die bei uns in Deutschland zur Anwendung freigegeben sind, bürgt die Biologische Bundesanstalt für Land- und Forstwirtschaft in Braunschweig. Sie vergibt das amtliche Zulassungszeichen und zieht es, wenn nötig, auch wieder ein.

Beheben von Mängeln im Rasen

Von den Schäden abgesehen, die durch nagende und grabende Tiere und durch Unkraut hervorgerufen sind, zeigen sich dann und wann auch Mängel, die andere Ursachen haben. So kann durch das allmähliche Nachsacken eines Hohlraums im Boden, durch das Fallen eines schweren Gegenstands, durch den Tritt eines Pferdes oder den Druck eines Autoreifens eine Vertiefung entstehen, die sich auch über Jahre hinaus nicht wieder selbsttätig einebnet. Es würde wirklich zu lange dauern, wollte man warten, bis die Würmer im Boden die verdrückten Stellen wieder gelockert oder bis einrieselnde Bodenkrümel die Vertiefung geebnet hätten. Hier müssen andere Verfahren helfen.

Vertiefungen, Löcher

Das **Auftragen** von Sand hilft bei ganz flachen Mulden. Außerdem sind enge, tiefe Löcher und sehr schmale Radspuren am besten mit Sand zu verfüllen. Es ist hierbei nicht nötig, Grassamen einzusäen, denn die an den Rändern stehenden Gräser füllen die Lücken sehr schnell. Füllt man ausgedehnte flache Senken mit Sand auf, so geschieht dies am besten kurz nach dem Mähen. Der Sand darf nur sehr flach, kaum über 1 cm, aufgetragen werden. Auf keinen Fall dürfen die feinen Gräser ganz zugedeckt sein. Da solche Mulden meist mehrere Zentimeter tief sind, ist der Sandauftrag zu wiederholen, sobald alles wieder dicht zugewachsen ist.

Bei Tiefen von mehr als 4 cm ist es besser, ein lockeres Sand-Erde-Gemisch aufzustreuen. Dies gilt auch für Löcher eines Baumpfahls, Huftritte und ähnliches. An der Oberfläche ist dann noch ein wenig Rasensamen einzustreuen.

Haben die Vertiefungen eine größere Ausdehnung, ist zu überlegen, ob man lieber umgräbt und neu einsät oder den vorhandenen Rasen absticht und neu aufsetzt. Ersteres erfordert weniger Arbeit, letzteres ergibt sofort wieder benützbare Flächen. Bei beiden Verfahren ist aber zusätzlich Erde notwendig, und zwar eine Kleinigkeit mehr, als das Volumen der Mulde ausmacht, wenn diese nicht durch Pressung entstanden ist. Die Erde wird in lockerem Zustand einplaniert und verdichtet sich im Lauf der Zeit. Die Auffüllung ist deswegen auch, je nach Dicke des Auftrags etwas zu überhöhen. 5 bis 10 % dürften genügen. Beim Walzen oder Festpatschen der Flickstelle verliert sich die Überhöhung bereits zum größten Teil. Schwierig ist es, einen wirklich glatt in die vorhandene Fläche übergehenden Anschluß zu erzielen. Meist entsteht an dieser Stelle eine neue Unebenheit, ein Wulst. Besonders feiner, krümeliger Boden den Rändern zu aufgetragen und dieser mit dem Rechen noch ein wenig in die Anschlußfläche hinausgezogen, hilft diesen Fehler vermeiden.

Das Einsetzen von **Rasensoden** lohnt sich, wenn eine gute Rasennarbe vorhanden ist. Die für diese Arbeit benötigten Geräte sind Spaten, Schaufel,

Dreizack und Eisenrechen. Der Spaten sticht Rechtecke ab, die Schaufel löst sie vom Boden. Danach wird die fehlende Erde aufgekippt. So läßt sich die nötige Menge am leichtesten abschätzen.

Nun geht die Arbeit weiter wie beim Vorbereiten einer Fläche zur Einsaat: umgraben, feinkrümeln, ebnen (auf Fertighöhe minus Rasensodenstärke). Schließlich folgt das Puzzlespiel des Rasensodensetzens. Wohlbedacht sind die Stücke beim Ausstechen in der richtigen Reihenfolge für das Wiedereinpassen gelagert worden. Sind nach dem Legen doch noch einige Fugen nicht ganz dicht, füllen ein paar Handvoll Erde und das abschließende Festklopfen oder Walzen sie vollständig aus. Wird bei trockener Wirkung noch die Gießkanne eingesetzt, so dürfte nach wenigen Tagen von der Flickstelle nicht mehr viel zu erkennen sein.

Höcker

Das gegensinnige Verfahren, Abheben überschüssiger statt Auftragen fehlender Erde beseitigt Höcker in der Fläche. Denn Walzen oder Klopfen allein ist dafür ein untaugliches Mittel. Falls nicht eine Verdichtung auszuheben ist, kann das Umgraben entfallen. Man findet so die neue Höhe leichter.

Bei Verdichtungen kann ein Bodenaustausch erforderlich sein. Stark verdichtete Stellen bieten keine wiederverwendbaren Rasenstücke mehr.

Vernässungen

Das Beseitigen vernäßter Stellen verlangt größeren Aufwand, denn die Arbeit beschränkt sich nicht auf die Schadstelle selbst. Nachdem die Ursache ergründet und festgestellt ist, daß sie nicht etwa nur in reichlichem Gießen liegt, ist der Boden an der Schadstelle auszutauschen. Zumindest ist er auszuheben, verbessert und gemischt wieder neu einzuplanieren und anzusäen. Ein Draingraben mit eingelegter Röhre oder verfüllt mit grobem Sand hat für das Absickern des Wassers zu sorgen.

Vergilbungen, Verbrennungen

Auch bei ausgebrannten Stellen wird man genau nach dem Anlaß des Übels forschen. Bräunt der Rasen nur an bestimmten Stellen und sterben dort die Gräser ab, während er sonst im ganzen in Ordnung ist, so können Verätzungen entweder von der Oberfläche oder vom Untergrund her die Ursache sein. Nach dieser Erkenntnis müßte der Boden ausgewechselt oder gründlich verbessert werden. Sonnenbrand oder Feuereinwirkung sind ebenfalls möglich und eindeutig zu erkennen.

Rasen und Wiese brauchen Wasser. Je schlechter die Erde und je dünner ihre Schicht, desto mehr. Wenn es im Mai und in den Sommermonaten längere Zeit nicht regnet, entstehen zunächst an den Rasenrändern und stellenweise in der Fläche unregelmäßige braune Streifen und Flecken. Das Gras ist verdorrt. Besonders auffällig zeigen sie sich auf öffentlichen Grünflächen und in Rasenstreifen an Straßen, meist am Randstein beginnend. Dessen Betonfundament ist oft nur wenige Zentimeter mit Boden überdeckt und nicht abgeschrägt, ein Mangel, der stets aufs neue aus Gedankenlosigkeit oder Unwissenheit entsteht. Hier muß rechtzeitig gegossen werden. Auf Dauer kann nur das Entfernen der Steinunterlage helfen.

Bei Verätzungen, durch Salz, Öl oder sonstiger Verseuchung entstanden, ist die Erde auszuheben. Je nach Giftigkeitsgrad muß sie vielleicht sogar als Sondermüll zur Ablagerung kommen. Bei Verätzungen durch zu hohe Düngergaben genügt entweder gründliches Wässern, oder, bei tiefergehenden Schäden, umgraben und neu einsäen oder Rasensoden einsetzen. Soden für solche Zwecke kann man fast immer an einer anderen Stelle im Garten unauffällig entnehmen, z. B. am Rand des Nutzgartens oder an einer Baumscheibe. Das Schadbild »vergilbter Rasen« wird sich zumeist mit dem eben besprochenen decken, auch in seinen Ursachen wie ungenügende Belüftung, Düngermangel und zu knappes Mähen.

Schattenwurf

Schaden durch Schatten zeigt sich im Lauf der Zeit unter den Kronen heranwachsender Bäume. Die Veränderungen im Rasen gehen dabei in kleinen Schritten vor sich, sind aber nach Jahren doch sehr schwerwiegend. Der Graswuchs wird dünner und dünner, das fehlende Gras immer mehr durch Moos ersetzt. Nun ist dafür nicht einzig und allein der Sonnenmangel verantwortlich. Viel stärker wirken der Nahrungsentzug durch das dichte Wurzelwerk und das Abfangen von Regen und Tau durch die Baumkrone als Wachstumsdämpfer. Daher läßt sich durch verstärktes Gießen und zusätz-

liche Düngergaben ein teilweiser Ausgleich schaffen. Dies freilich fördert den Baumwuchs, die Kronen werden noch schneller groß und dichter. So steht man schließlich vor der Entscheidung, den Baumbestand zu lichten oder Schattenrasen anzusäen. Warum aber sollte man sich nicht einfach auf das andere Vegetationsbild einstellen und sich über einen schönen Baum, seinen Schatten und das Moos unter seiner Krone freuen?

Laub- und Nadelfall

Bäume tragen Laub und alljährlich lassen sie es abfallen. Auch Nadelbäume sind nicht abfallfrei. Erhebliche Mengen an Nadeln sammeln sich unter ihren Kronen an. Sollen diese Naturprodukte auf dem Rasen liegenbleiben und düngen sie ihn etwa gar? Sie sollen nicht, und Nutzen bringen sie erst auf dem Umweg über den Kompost. Jedes Laub fällt zunächst schön locker und liegt für kurze Zeit leicht und luftig auf dem Gras. Nach wenigen Regentagen oder aber besonders nach dem ersten Schnee klebt es zu einer dichten Schicht zusammen, die dem Gras die Luft abschnürt. Die verschiedenen Laubarten verrotten zwar unterschiedlich schnell, Kastanien- und Ahornblätter schneller, Eichenblätter gemächlich. Alle aber liegen zumindest für die Dauer von Herbst und Winter, und das ist schon zu lang. Ganz anders ist das abgefallene Laub allerdings dann zu betrachten, wenn der Rasen unter Bäumen zugunsten einer natürlichen Flora aufgegeben ist. Dann kann das Laubsammeln nicht nur unnötig, sondern sogar schädlich werden.

Rasenformen

Jeder Rasen hat Stellen, die stark oder gar übermäßig beansprucht werden. Das gilt auch für viele Hausgärten. Solche Stellen bleiben ohne Hilfsmaßnahmen nicht grün. Häufiges Betreten und starker Druck schädigen nachhaltig. Der dauernden Belastung durch Autoreifen hält kein Rasen stand. Und dennoch kann man sich grüne Abstell-plätze einrichten. Nach dem Prinzip der Aufgabenteilung ist das möglich: Für das Grün sorgt das Gras, das Tragen der Lasten muß der Stein übernehmen. Mit Hilfe verschiedenartiger steinerner Materialien entstehen »Pflasterrasen«. Rasen mit »Beton-Gitter-Steinen«, mit »Lochklinker-Steinen« oder »Schotterrasen«.

Dreierlei Rasen sind hier in einem Bild zu sehen: Eine Ecke des Abstellplatzes mit Schotterrasen, im Mittelgrund Pflasterrasen und dahinter, unmittelbar in der Garagenzufahrt, Pflaster aus ungleichgroßen alten Muschelkalksteinen großen Formates, in dessen Fugen ebenfalls Gras wächst.

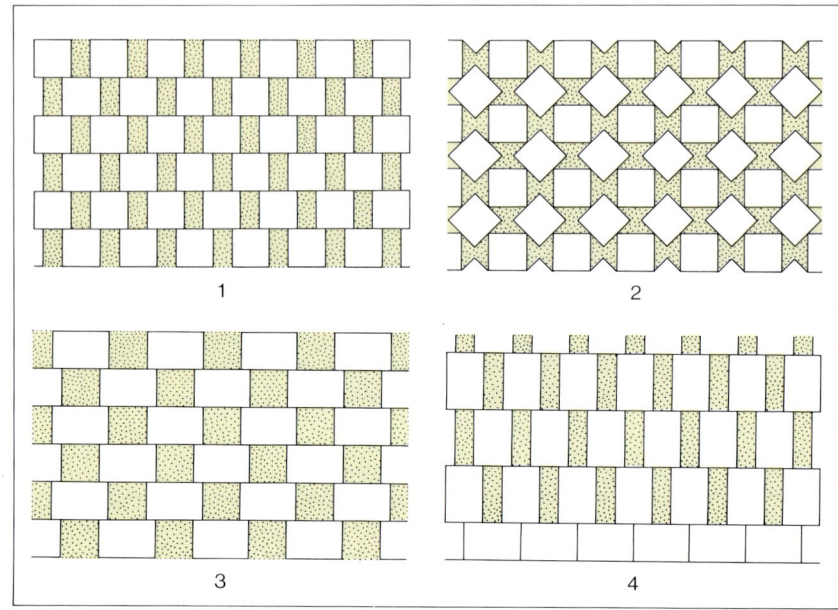

Verlegen verschiedener Rasenpflastersteine: 1 und 2 = quadratische Steine, 3 = rechteckige Steine, 4 = am Rand ohne Lücke gelegt.

Pflasterrasen

Der Pflasterrasen ist eine Mischung aus Pflastersteinen und Lücken, die mit Erde gefüllt sind. In den Lücken wächst Gras. Die Pflastersteine können aus Naturstein oder aus Beton bestehen. Daß sie nicht zu klein bemessen sind, ist eine wichtige Voraussetzung denn sie müssen großen Lasten standhalten. Kantenlängen und Steinstärke sollten nicht unter 12 cm liegen. Die Steine können sowohl quadratisches, als auch rechteckiges Format haben. Häufig finden für diesen Zweck alte Großpflastersteine, die aus Plätzen und Straßen herausgerissen wurden, eine sinnvolle und erfreuliche neue Verwendung.

Um einen Pflasterrasen herzustellen, sind nur wenige Arbeitsgänge erforderlich. Zuerst ist die Bodenfläche zu planieren, auf die danach in eine dünne Schicht Sand die Pflastersteine gesetzt werden. Hierauf werden die offenen Lücken mit einem Gemisch von Sand und Erde gefüllt und die Oberfläche geebnet. Die Erdfüllung ist festzudrükken. Nach dem nun noch folgenden Streuen des Grassamens wird alles mit einer neuen, dünnen Erdschicht überstreut.

Die Pflastersteine sind so zu verlegen, daß jeder einzelne mit vier Nachbarsteinen Kontakt erhält. die Kontaktstelle braucht nur 2 bis 3 cm breit zu sein. Sie hat nur das Wackeln und Kip-

Oben: Moos und Sternmoos passen besser zum kleinen Format des Mosaikpflasters. Zum Rot des Porphyrs (links) steht das pflanzliche Grün im besonders angenehmen Kontrast. Gras in den Fugen einer Pflasterung aus unregelmäßig großen Muschelkalksteinen (rechts).
Unten: Gras keimt im frisch verlegten Rasengittersteinbelag.

pen des Steins zu verhindern. So ergeben große Steine große Lücken. Der
Sand, in den die Steine eingebettet sind
dient zum leichteren Einpassen in der
erforderlichen Höhe. Sie könnten sonst
auch auf den blanken Unterboden gesetzt werden. Ein Unterbau aus Schotter ist jedenfalls nur dann von Nutzen,
wenn die Fahrspur für sehr schwere Lasten tragfähig sein soll, etwa für den
Öltankwagen.

Die Steine werden in den meisten
Fällen im Läuferverband, d. h. in Reihen
gelegt. Es ist das einfachste Verfahren.
Die dabei entstehenden Rasenflecken
liegen bei quadratischen Steinen rechteckig mit der längeren Seite quer zur
Reihe, bei länglichen Steinen quadra-
tisch oder rechteckig mit der längeren
Seite in der Längsrichtung zur Reihe.
Bei anderen Verlegearten entstehen
ebenfalls quadratische oder ganz ver-
schiedengestaltige Lücken. Die Lücken
wird man bei zu erwartender starker
Belastung klein ausführen, bei leichter
Belastung dagegen möglichst groß. Je
größer der Erdanteil, desto dichter der
Rasen. Die Steine werden aber bei
nicht allzu häufigem Befahren immer
vom Gras überwachsen. Nur ist das
Grün naturgemäß etwas schwächer als
in der steinfreien Fläche. Wenn das
Gras zu sehr überwuchert hat, kann es
mit dem Spaten weggeschabt werden;
die Rasenstreifen ergrünen alsbald auf's
neue.

Für quadratische und rechteckige Be-
ton-Pflastersteine wurden Abstandshal-
ter aus Beton und PVC entwickelt, die
an der Basis der Steine an den Ecken
eingefügt werden. Dadurch sind die
Steine ohne direkte gegenseitige Be-
rührung fixiert und die bewachsenen
Fugen bilden ein durchlaufendes Ra-
sengitter.

*Oben und rechts: Rasengittersteine. Viele
Formen und Formate liefert die Beton- und
Klinkerindustrie als Gitter- und Lochsteine.*

Rasen mit Gitterelementen und Lochklinkersteinen

Was man mit großen Natur-Pflastersteinen erzielen kann, ist auch mit vielerlei Betonsteinen passenden Formats möglich, auch mit sogenannten Verbundsteinen. Letztere lassen allerdings einen geringeren Flächenanteil für den Rasen zu. Seit einigen Jahren kommen Beton-Rasengittersteine in vielerlei Formen auf den Baustoffmarkt. Viele sind dem Bewachsen mit Rasen vorzüglich angepaßt. Je nach dem gewünschten Effekt besitzen sie eine ebene, gerillte oder tief höckerige Oberflächenstruktur. Steine mit Höckern sind schlechter zu begehen, wachsen aber dichter mit Rasen zu, als jene mit ebener Oberfläche. Besonders gut geht man auf den kleinlöcherigen Lochklinkersteinen. Sie begrünen sehr gleichmäßig und dauerhaft. Sogar für Barfußläufer sind sie angenehm. Je nach Intensität des Betretens wird das in den kleinen Löchern gut festsitzende Gras stärker oder weniger stark abgenützt. So bilden sich Pfade aus, die zwar erkennbar, aber nie schmutzig sind. Wichtig ist es, alle

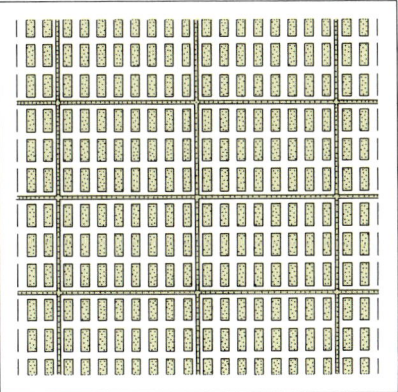

Steine exakt in der Ebene der umgebenden Rasenfläche zu verlegen, damit der Rasenmäher keine Hindernisse zu überwinden hat.

Altbekannt sind sehr tragestarke gelochte Stahlbleche, heute allerdings kaum mehr im allgemeinen Gebrauch. Neu auf dem Markt bieten sich leichtgewichtige und praktisch zu verlegende Gitterplatten aus Hart-PVC oder ähnlichem Material von der Kunststoff-Wiederverwertung an.

Die kleinste Form einer Rasenfläche ist die Rasenfuge. Sie füllt Lücken in Plattenbelägen. Das Gras zeigt in ihr eine erstaunliche Widerstandsfähigkeit. Seine Wurzeln finden unter den Platten offenbar immer eine zuverlässige und langanhaltende Reserve an Feuchtigkeit. Zwischen Schrittplatten sind die Rasenfugen etwa 20 cm breit, in Belägen nur wenige cm. Von ihnen aus wuchern die ausläufertreibenden Gräser und Kräuter über die Platten weg, bis eines Tages fast nichts mehr vom Stein zu sehen ist.

Schrittplatten können jederzeit in den fertigen Rasen verlegt werden. Dazu legt man sie in der gewünschten Wegführung und den beabsichtigten Abständen aus. Dann umsticht man sie mit einem Spaten oder einem Messer und hebt den Rasen in der Stärke der Platten ab. Der Untergrund wird leicht aufgekratzt, fein geebnet und die Platte eingelegt und festgedrückt. Sie kann direkt in der Erde liegen, unterlegen von Sand oder Schotter ist unnötig.

Schotterrasen

Der Schotterrasen ist eine Rasenform, die aus denselben Gründen, die für den Pflasterrasen gelten, angelegt wird.

Auch im späteren Erscheinungsbild sind diese beiden einander sehr ähnlich. Seine wichtigste Aufgabe findet der Schotterrasen dort, wo befahrbares und kurzfristig stark belastbares Gras verlangt wird. Das sind z. B. Feuerwehrwege an großen Gebäuden und grüne Festplätze der Städte und Ortschaften. Schotterrasen ist völlig grün, von Schotter ist nichts zu sehen. Im Hausgarten tut er für Abstellplätze, die nicht ständig benützt werden, gute Dienste.

Unter der Rasennarbe ist er wie eine Straße aufgebaut. Der Reihe nach von unten nach oben liegen 5 cm Sauberkeitsschicht aus Sand oder Kies, 15 bis 25 cm Mineraltragschicht aus Sand-Schotter-Gemisch und schließlich obenauf ein Gemisch aus guter Ackererde mit Sand – nicht stärker als 15 cm, in die der Rasensamen eingesät wird. Die Tragschicht ist gut zu verdichten (walzen), wie beim Straßenbau auch. Bei einem anderen häufig angewendeten Verfahren werden Schotter und Erde gänzlich miteinander vermischt und in einem einzigen Arbeitsgang aufgetragen. In dieses reichlich steinige Beet wird direkt eingesät. Die an der Ober-

fläche sichtbaren Steine sind bald vom Gras überwachsen.

Natürlich verlangt der Rasen auf einer so nahrungsarmen Basis erhöhte Aufmerksamkeit. Diese muß sich in Bewässerung und Düngung auswirken. Der Schotterrasen ist dann außerordentlich dauerhaft und belastungsfähig. Wird er gut versorgt, unterscheidet er sich nur wenig vom benachbarten Graswuchs, der auf schotterfreiem Boden steht.

Spielrasen

Eine der wichtigsten Aufgaben, die dem Rasen zugedacht sind, ist es, dem Menschen in seiner Freizeit ein Feld für Sport und Spiel zu geben. Es bedürfte keines besonderen Abschnitts in diesem Buch, wenn diese Nutzungsart in einer Weise und in einem Umfang betrieben würde, die dem Entwicklungsrhythmus der Wiese angepaßt sind. Dieses ist aber nicht der Fall. Auf einer gemähten Wiese kann man sich tagelang tummeln, sie erleidet dadurch keine sichtbare Veränderung. Doch danach muß

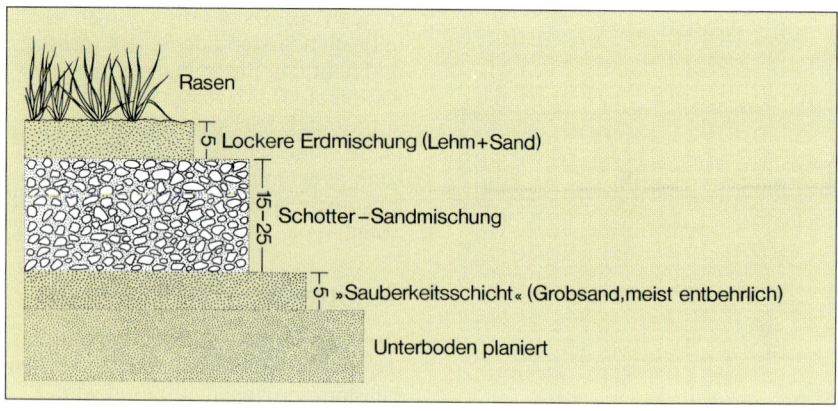

Rasen

5 Lockere Erdmischung (Lehm+Sand)

15–25 Schotter–Sandmischung

5 »Sauberkeitsschicht« (Grobsand, meist entbehrlich)

Unterboden planiert

eine lange Zeit der Schonung einsetzen. Diese dauert wenigstens so lang, bis wiederum gemäht wird.

Andere Aspekte sind die Unebenheit der Fläche und die Rauheit der vom Mähen verbliebenen Grasstummel. Man hätte das gern bequemer und zarter. Eine Schafweide bietet da schon ganz andere Qualitäten. Auf ihr könnte man immer spielen, vor allem, wenn dies barfuß geschähe. Warum dies? Warum erträgt die Weide das Betreten besser als die Mähwiese? Zwei Gründe sind entscheidend: Es hat sich im Lauf der Jahre eine andere Gräser-Kraut-Schicht ausgebildet und diese wird ständig kurz gehalten. Diese Erkenntnis ist ausschlaggebend für das künstliche Anlegen einer robusten Spielwiese: Besondere Pflanzen und häufiger Schnitt. Die Mähmaschine hat das Schaf zu ersetzen. Dazu kommen noch mehrmaliges Düngen im Jahr und Beregnen bei Bedarf. Mischungsbeispiel für einen robusten Spielrasen:

– Horstrotschwingel *(Festuca rubra* ssp. *commutata)* 10–30 %
– Ausläufertreibender Rotschwingel *(Festuca rubra* ssp. *rubra)* 10–30 %
– Weidelgras *(Lolium perenne,* 2 geeignete Sorten) 20–40 %
– Wiesenrispengras *(Poa pratensis*, 2 geeignete Sorten) 15 bis 45 %

Die passenden Kräuter kommen von selbst dazu und sind hier nicht unerwünscht.

Aufbau eines Schotterrasens in Schichten. Bei dem anderen, auf Seite 82 beschriebenen Verfahren werden Schotter-Sand und Erde zu einer homogenen Schicht zusammengemischt.

Sportrasen

Die Gräsermischungen, die für einen Zierrasen aufgezählt und beschrieben sind, können für Sportflächen nicht übernommen werden. Hier sind andere Eigenschaften gefragt. Das dort verpönte Weidelgras ist hier unentbehrlich. Das Weidelgras und das Wiesenrispengras sind die Stützen des Sportrasens. Seine Gräsersorten müssen vor allem danach ausgesucht sein, ob sie ein kräftiges, zähes Wurzelwerk und feste Blätter besitzen.

Die Pflanzen müssen der auf Abscheren wirkenden Beanspruchung ausreichenden Widerstand entgegensetzen. Die Blätter dürfen nicht glitschig oder schmierig werden. Die Gräser müssen häufigen und kurzen Schnitt vertragen, d. h., sie müssen auch von kurzen Blättern leben können. Die Gräsermischung für den Sportrasen ist ähnlich wie bei Spielrasen, es entfällt jedoch der Rotschwingel. Der Anteil des Weidelgrases steigt dafür auf 30 bis 50 %.

Der Sportrasen verlangt aber nicht nur eine spezielle Samenmischung, er stellt auch an den Boden besondere Ansprüche. Zum Bau von Fußballplätzen und städtischen Stadien werden auf sorgfältig drainierter Unterfläche nicht etwa gewöhnliche Ackererde ausgebreitet, sondern streng nach DIN gemischte Substrate werden schichtweise aufgetragen. Sie müssen die ständig starke Belastung ertragen, ohne zu sehr zu verdichten und dadurch eine gleichmäßige und bleibende Durchwurzelung garantieren. Dafür sind sie allerdings recht mager und haben auch viel Speicherfähigkeit für Wasser eingebüßt. Regelmäßiges Düngen, wie auch künstliche Beregnung in kurzen Zeitabschnitten sind daher unerläßlich.

Die Blumenwiese

Der Garten als definierter, festgelegter, gegen seine Umgebung abgegrenzter Geländeteil, hatte von jeher die Aufgabe, anders als die Umgebung zu sein. Er wurde abgemarkt, durch Zäune gesichert, von Mauern und Hecken umgürtet. Gesammelt wurden Pflanzen, Steine, Gefäße und anderes, gestaltet nach Ordnungsprinzipien und künstlerischem Empfinden. Gartenkunst emanzipierte sich als selbständige Kunstform. Gärtnerisches Geschick erzielte seltsame und wunderbare, bisher nicht existierende Pflanzenvariationen. Neue Blütenfarben und -gestalten ergaben sich, Gehölze wurden nach menschlichem Willen zu Formen zurechtgestutzt und zurechtgebogen.

Die Natur außerhalb der Gartenmauern war, auch wenn sie bäuerlich bearbeitet wurde, ursprünglich, vielgestaltig und bunt. Dann kam eine Zeit, in der die Sense durch die Mähmaschine, Pikkel und Schubkarre durch Motorgeräte und die Gartenhacke durch die Giftspritze ersetzt wurden. Planierraupe und Chemie – über Kunstdünger und Wirkstoffe – veränderten unsere Landschaft und deren Vegetation so radikal, wie sie vorher nur zur Zeit der Urbarmachung verändert worden war. Plötzlich sind die bunten Wiesen rar geworden. Sie bringen nicht genügend »Ertrag«.

Der Städter, der sich durch Anschauen erfreut, fährt nun weit ins Land, um noch in diesen Genuß zu kommen. Wer eine besonders üppige Wiese entdeckt hat, gibt sein Wissen als Geheimtip weiter. Wenn auf einer vergessenen nassen Wiese noch ein paar Dutzend Trollblumen überlebt haben, kommt sie jetzt ins Naturschutzbuch. Dabei blühten sie vor kaum 30 Jahren noch hektarweise. Landwirtschaft, Wasserwirtschaft, Straßenbau haben die Vielgestalt der Landschaft innerhalb einer Menschengeneration in ungeheuerem Umfang verarmt, verdorben und verödet. Dabei mögen ihnen, vor allem ersterer, eine gewisse Unausweichlichkeit und Zwangslage nicht abzusprechen sein. Mit Mannigfalt und Menge der Pflanzen schwanden Arten- und Individuenzahl der Tiere nicht nur in unserem nächsten Umkreis, sondern überall.

Was blüht bei uns noch? Leuchtendgelbe Rapsäcker in Reinkultur und Löwenzahn auf vielen Wiesen, aber auch dieser ist ungeliebt und wird mancherorts schon »abgespritzt«. Farbe und Vielfalt sind selten geworden. Ist es da nicht verständlich, daß der Gartenliebhaber seinen Hunger nach Natürlichem dort stillen will, wo er Einfluß nehmen kann – in seinem Garten. Mit einem Mal sieht er das bisherige »Unkraut« Gänseblümchen mit duldsamen Augen und bald gar mit verliebten. Das Sonnensymbol der Löwenzahnblüte wird entdeckt und bewundert und wo sich im Gras des Gartens eine Margerite zeigt, wird darum herumgemäht. Die säuberlich gemähte Rasenfläche hat zwar noch ihren Reiz, jedoch nicht mehr überall. Im Garten entstehen winzige »Naturschutzgebiete«, der Garten

Schönheit eines Sommers, gekauft in der Samentüte. Im folgenden Jahr müssen Kräuter (Stauden) Mohn und Kornblume ersetzen.

selbst wird eines. Mit Stolz weist man sie anderen Liebhabern vor, träumt von Glockenblumen und Lichtnelken und wäre außer sich vor Wonne, siedelte sich gar eines Tages ein Knabenkraut an. Manche Wunder tun sich da auf, Neuentdeckungen jedes Jahr. Die Beobachtungen an Tieren kommen noch dazu. Auch das ist eine wunderbare Erfahrung, daß es plötzlich fast kein Unkraut mehr gibt und manches Ungeziefer sich in harmloses Geziefer verwandelt.

Voraussetzungen für eine Blumenwiese

Wer mit dem zufrieden ist, was ohne seinen Einfluß entsteht, dem wächst sie »von selbst«. Die Natur in ihrer Lebens-gewalt duldet keine toten Flächen, wenn Licht, Wasser und Wärme den Boden berühren. Anspruchsvollen Vorstellungen wird diese »Wiese« freilich nicht entsprechen. Aber da kann nachgeholfen werden. Also: Nur Mut zur Blumenwiese!

In irgendeiner Form ist sie fast immer und in fast jedem Garten möglich. Im Bereich des städtischen Grüns sind die Einschränkungen größer. Allerdings sollte man sich nicht bestimmte Blumen in den Kopf setzen und meinen, alle wüchsen an jedem Platz. Vielmehr hat jede Pflanze ihre Ansprüche. Die eine gedeiht hervorragend, wo eine andere kümmert oder überhaupt nicht Fuß fassen will. Am besten ist natürlich, eine Wiese gleich vorzufinden. Sie braucht dann nur behutsam ergänzt zu werden. Doch dies ist ein seltener Glücksfall und in Neubaugelände kaum je zu verwirklichen. Man müßte die Wiese zusammen mit einem alten Haus erwerben.

Standort und Nutzung
Da der Garten nicht nur betrachtet werden soll, sondern von ihm auch noch sonstiger Nutzen erwartet wird, kann nicht die gesamte Fläche ungemäht verbleiben. Die Umgebung der Wäschespinne und der Tischtennisplatte, der Vorgarten, der Randstreifen zum Gemüsebeet und ähnliche Teilbereiche werden gemäht. Sie eignen sich nicht für ungezwungenes Wachstum. Das häufige Betreten läßt Blumen nicht aufkommen. Auch kann mit gemähten Partien dargelegt werden, daß die Nichtpflege der übrigen beabsichtigt ist.

Zu Staudenbeeten hin empfiehlt es sich ebenfalls, den Graswuchs kurzzuhalten. Die wucherfreudigen Kräuter aus der Wiese würden mit den weniger wüchsigen Pflanzen im Beet schnell ein unentwirrbares Knäuel bilden und auch alsbald als Sieger im Kampf ums Dasein übrig bleiben. Der Hauptteil des Wohngartens kann aber durchaus Wiese sein, wenn er nicht zu intensiv betreten wird. Sehr kleine Gärten, etwa Atriumgärten eignen sich nicht sehr für diese Rasenform, denn hier ist man auf die wenigen Quadratmeter nutzbaren Rasens angewiesen. Man will einmal auf einer Decke liegen, Möbel draufstellen, möchte, daß sich auch die Staudenbeete gut abheben. Braucht man die Fläche aber ausschließlich zum Schmuck, dann ist es wahrscheinlich immer noch besser, sie gänzlich zu bepflanzen, entweder mit Stauden oder mit Gräsern oder mit einem Gemisch von diesen beiden. Ausnahmen sind natürlich auch hier denkbar. Warum

sollte ein ganzes Atrium voller Wildwuchs, vielleicht noch belebt durch Zwergkaninchen oder Schildkröten nicht auch Wünsche stillen!

Genau genommen kann auch eine Wiese benützt (betreten) werden, sie wird sich dann nur von der Margeriten- und Glockenblumenwiese zum Gänseblümchenrasen umwandeln. Die lieben Gänseblümchen können einiges ertragen. Mit Wegerich, Ehrenpreis, Schafgarbe, Fingerkraut ergänzt, ergibt sich schnell eine Lebensgemeinschaft eigener Art. Wie bereits erwähnt, hat jedes Kraut seine eigenen Wünsche an den Boden, die Feuchtigkeit, die Belichtung usw. So stehen für jede Situation ausgesprochen geeignete Pflanzen bereit. Die Sonne schafft Blüten. So darf man am besonnten Platz sowohl eine größere Fülle als auch eine sattere Farbpalette und größere Artenvielfalt erwarten. Gekonnte Pflanzenauswahl hilft, Mängel in Schattenlagen auszugleichen. Proportional mit der Bodengüte jedoch steigt die Blütenpracht nicht in jedem Fall an.

Saatgut und Keimung
Das Saatgut wird in vielerlei Mischungen und schon für unterschiedliche Lagen und Böden ausgewiesen von renommierten Samenhandlungen angeboten. Wenngleich sie vorwiegend auf sonnige Lagen abgestimmt sind, ergibt sich doch ein breites Band für die Anwendung. Die Mischungen führen Namen »Kräutermischung für Naturrasen«, »Feldblumenmischung«, »Rasen-Blumen-Mischung« und andere. Wun-

Diese Blumenwiese ist nicht gerade üppig und ihre Farbenpracht bescheiden. Aber sie atmet Heiterkeit und läßt an ländliche Idylle denken.

Auf dem puren Schotter eines Bahngeländes haben Glockenblumen und Johanniskraut ihre »Nische« gefunden. Blumenwiese Schotterbett!

derdinge darf man von all diesen Gemengen mit den käuferlockenden Bezeichnungen freilich nicht erwarten. Man liest von Mischungen mit 40 bis 50 Kräuter- und Gräsersamen.

Wieviele von den angeblich 40 eingemengten Kräutern dagegen keimen, zu Pflanzen heranwachsen und schließlich gar noch blühen, müßte erst noch nachgezählt werden. Das muß nicht ausschließlich an Echtheit und Keimkraft der Samen liegen. Standortungunst und widrige Einflüsse während des Keimens und Heranwachsens spielen eine nicht minder große Rolle.

Das Selbstmixen wird sich selten lohnen und auch schwierig ermöglichen lassen, da manche Samenportionen doch recht winzig sind. In jedem Fall überwiegen die Gräser bei weitem. Das

ist ja auch auf der Wiese der Fall. Manche Leute schwören auf »Heublumen«, dem Feinmaterial, das beim Heuen auf dem Boden des Heuwagens zusammengefegt werden kann. Dafür müssen sie aber auch erst die richtige Heuweise finden.

Von einer Blumenwiesenmischung, der bunter Klatschmohn und Kornblume beigegeben sind, fühlt man sich im ersten Sommer, schon wenige Wochen nach der Saat, hochbeglückt. Das ist ein heiteres, fröhliches Bild, wenn die großen Kelche in allen Tönen der roten Farbpalette aus dem Gras leuchten. Sie sind nicht mehr auf das eigentliche Mohnrot beschränkt, die Nuancen sind breit gestreut. Die blaue Kornblume, in unseren Kornfeldern kaum mehr zu entdecken, steigert den Farbzauber. Mohn und Kornblumen in der Blumenwiese haben aber einen großen Nachteil: sie sind kurzlebig.

Fast alle Wiesenblumen haben begrenzte Blütezeiten. Diese Ackerpflanzen blühen zudem nur einen Sommer. Zwar setzen Kornblume und Klatschmohn Samen an, aus dem sich im folgenden Jahr aufs neue blühende Pflanzen bilden. Dazu müssen sie aber zunächst Gelegenheit erhalten auszureifen, dann müssen die Samenkörner offenen Boden vorfinden, wenn sie ausfallen. Doch in einer guten Wiese ist ein Flecken offene Erde die größte Rarität. Wäre dennoch einer vorhanden, ließe er zuerst auf einen Schaden schließen. Also schlechte Aussicht für Keimungswillige. Die Gräser und Kräuter füllen jede Lücke. So kommt es, daß der Mohn, der im ersten Jahr die gesamte Pracht bewirkt, schnell zur Bedeutungslosigkeit absinkt. Bald bringt er nur noch kümmerliche Pflänzchen hervor, die dann schließlich auch verschwinden, ohne eine Spur zu hinterlassen. Jede Blumenwiese ist Wandlungen unterworfen. In den ersten Jahren nach der Aussaat sind sie am größten.

Nüchtern besehen ist der Erfolg bei der Aussaat von Blumenwiesenmischungen noch fast immer unbefriedigend. Selten werden die Erwartungen, die der Käufer hegt, erfüllt. Erwartet er zuviel? Der Bluff, den die manchmal beigemengten Kornblumen und Klatschmohne inszenieren, ist nach dem schon erwähnten anfänglichen Jubel spätestens im zweiten Jahr durchschaut und geplatzt. Was ist noch verblieben? – Satter Rotklee, etwas Esparsette, Margeriten in einem Wust von derbblättrigen Gräsern, am Ende vielleicht noch »angereichert« durch Hahnenfuß und Löwenzahn als Gratisbeigabe vom Boden her. Was nützen die schönen Mischungslisten, wenn *dies* das Ergebnis ist! Schade um die vielen raren Samenkörner, die im Boden gar nicht erst zum Keimen kamen, und um die zarten Pflanzen, die, kaum ergrünt, alsbald ersticken mußten.

Was ist zu tun? Für den Planer richtige Analyse von Boden, Klima, Exposition der Saatstelle. Für die Saatgutproduzenten und -händler sorgfältig gewonnene und behandelte Samen und sinnvoll zusammengestellte Mischungen – *keimfähige* Mischungen! Für den Gärtner und Anwender fachgerechte Verarbeitung. Gehen wir davon aus, daß sowohl Samen als auch Anwendung in Ordnung sind, dann bleibt für den Wiesenbesitzer, immer noch der Auftrag, nicht allzuviel zu erwarten. So ungeheuer groß muß ja die Artenzahl gar nicht sein! Zehn zur gleichen Zeit blühende Kräuter, ein Dutzend weitere für Vorlauf und Nachklang, eingefügt in fünf oder sechs verträgliche Grassorten, das ist schon eine recht schätzbare Versammlung. Mit einiger Ausdauer ist sie am sichersten bei stufenweisem Vorgehen zu erzielen und noch viel weiter ausbaubar, nämlich: die Hälfte aus einer Grundsaat und alles weitere durch Zupflanzung. Das ist ein wirklich solides Verfahren, das groben Enttäuschungen vorbeugt.

Die Wiese in der »Natur«

Um zu verstehen, welche Voraussetzungen wir bieten müssen, um eine gute Blumenwiese erwarten zu können, brauchen wir uns nur aufmerksam in der Natur umzusehen. Angesichts ländlicher Blumenwiesen gewinnt man überraschende Erkenntnisse:

- Die »natürliche« Blumenwiese gibt es (fast) nicht, die meisten und buntesten Blumen blühen im landwirtschaftlich genutzten Bereich. Aber das ist leider »Großvaters Landwirtschaft«!
- Die Blumenwiese hat eine Neigung zur Einseitigkeit, d. h., bestimmte Pflanzen überwiegen meist sehr stark.
- Die Blumenwiese hat Höhepunkte. Sie hat blütenarme wie auch üppige Zeiten. Den ganzen Sommer über volle Blüte, das kennt sie nicht.
- Wenn sie am allerschönsten ist, wird sie gemäht.
- Die Blumenwiese braucht Zeit. Sie hat ein langes Leben, wenn sie gepflegt und nicht zerstört wird. Zerstört ist sie dagegen schnell und ob sie dann je wieder wird, wie sie früher war, ist sehr die Frage.

Waldlichtungen

Um die Meinung zu teilen, die schönsten Wiesen in unseren Breiten seien Produkte menschlicher Bewirtschaftung, haben wir uns nur den Zustand vorzustellen, der bestünde, wenn nicht gemäht und nicht beweidet würde. Die natürliche Vegetationsform ist bei uns der Wald. Lichtungen entstehen nur durch Sturmwürfe, Bergrutsche, Flußabschwemmungen und Waldbrände. In allen Fällen würden sie schnell wieder zuwachsen und müßten durch neue Katastrophen an der gleichen oder an anderen Stellen erst wieder neu geschaffen werden. Auf sie müssen sich diejenigen Pflanzen konzentrieren, de-

nen der Schatten des Waldes keine Möglichkeit zum Gedeihen läßt.

Unsere Wälder freilich sind in ihrer ursprünglichen Form Mischwälder. Jeder Wald weist so viele offene Stellen auf, daß alle Pflanzen, die Schatten lieben, wie auch diejenigen, die ihn nur erdulden, jedoch die Sonne verlangen, irgendwo auf begrenzte Zeit leben können. Viele leben nicht deswegen im Schatten, weil sie etwa die Sonne nicht vertrügen, sondern weil sie im Schatten nicht so stark unter Konkurrenzdruck stehen. Sie werden eben mit dem Schatten fertig, nicht aber mit den bedrängenden Nachbarn.

Bergwiese, Kräuterwiese, Traumwiese: im Garten in dieser Reichhaltigkeit kaum zu erzielen.

Trockenrasenflächen

Die Stellen, die bei uns nie mit Wald bewachsen waren und die sich auch bei einem Aussetzen der menschlichen Einflüsse nicht bewalden würden, sind kleinflächig, Meereshöhen unter 1500 m und Niederschlagsmengen über etwa 500 mm/m² und Jahr vorausgesetzt. Auf Trockenrasenflächen mit Verhältnissen, die Bäumen die Existenz nicht gestatten, leben Kräuter, die vor allem extremer Bodenmagerkeit und periodischer Trockenheit angepaßt sind. Sie ließen sogar von Zeit zu Zeit einen Buschbrand über sich ergehen. Sie sind auf diese Standorte, die durchaus innerhalb von Gebieten mit normalen Niederschlagsmengen liegen dürfen, beschränkt und können im Wald nicht leben.

Wo die Gesamtmenge des jährlichen Niederschlags sehr gering ist, kümmert jeder Pflanzenwuchs, ganz besonders der Wald. Dort findet sich eine wiederum andere Pflanzengruppe ein, die Steppenheidegesellschaft. Auch ständiger Wind kann die Entwicklung von Bäumen unterbinden. Auf all diesen Stellen wäre also »Wiese« als natürliche Erscheinung zu finden, allerdings auch nicht in dem Aussehen, das wir meinen.

Diese Blumenwiese am Hang ist eine ehemalige Schafweide. Im Hintergrund sind Staudenbeete mit Rasenböschungen angelegt. Das Bild zeigt den Zustand Ende Juni. Es blüht der Wundklee (Anthyllis vulneraria). Dieselbe Situation ist zu anderer Zeit und in entgegengesetzter Blickrichtung auf Abb. Seite 115 zu sehen.

Jenseits der Waldgrenze

Nun ist noch das allerdings riesige Gebiet zu erwähnen, das über der Waldgrenze liegt. Die »Waldgrenze« wird von Frost und Wind gezogen. Jenseits dieser Grenze kann man tausendfache Blüte in überwältigender Fülle und in satten Farben während des Bergfrühlings, der mit unserem Frühsommer zeitlich zusammenfällt, genießen. Hier blühen Enzian, Primel, Windröschen und ungezählte andere – nur, auch diese sind nicht unsere Wiesenblumen. Fest steht aber, daß diese Wiesen ebenso aussähen, wenn der Mensch und sein Weidevieh sie nicht beträten. Ein Merkmal ist auffällig: alle Blüten stehen auf kurzen Stengeln. Sie blühen am Boden. Das möchten wir in unserer Wiese nicht. Sie blühen auch zeitlich sehr zusammengedrängt und auch dies wäre uns nicht sehr lieb.

Die Wiese unserer Wünsche

Sie soll eine große Vielfalt an Farben und Formen zeigen, soll lange Zeit blühen und soll sich im ganzen recht üppig darbieten. Um üppig zu wirken, genügt nicht nur eine bodennahe Krautschicht. Die Wiese muß kriechende, niedrige, halbhohe und hohe Kräuter zugleich tragen. Sie muß sozusagen in vielen Stockwerken blühen. Dazu muß der Krokus genauso beitragen wie Wiesenfeste und Bärenklau.

Wo der Landwirt sie pflegt, entsteht und gedeiht sie so: Er läßt sie Wiese sein und bricht sie nicht zum Acker um. Er säubert sie von Abfällen, er düngt sie (vorzugsweise mit Mist), er mäht sie zwei- oder dreimal und im Herbst läßt er sie abweiden. Ist es eine besonders üppige und saftige Wiese, dann ist sie vielleicht gar zu allem noch bewässert. Das Wasser darf Schwemmstoffe enthalten, aber keine Gifte. Können wir dies alles auch unserer Wiese angedeihen lassen? Es müßte möglich sein! Zur Verfügung stehen uns ein ausgeglichenes Klima ohne langdauernde Extreme, ein guter, nährstoffreicher Boden und Dünger, zwar nicht in der Form von Stallmist, aber in brauchbaren Ersatzformen. Wir haben Wasser und die Zeit zum Mähen. Die erforderlichen Sämereien liefern uns die Fachhandlungen. Die Größe des Grundstückes ist nicht ausschlaggebend. Es gibt kleine Blumenwiesen wie auch große. Ebensowe-

nig entscheidend ist die Lage. Um uns ihr anzupassen, haben wir eine Auswahl unter speziellen Mischungen. Wichtig ist, Boden und Lage richtig zu beurteilen, um die geeignete Zusammenstellung zu erzielen.

Samenmischungen

Welche Pflanzen benötigen wir? Einige der Namen, die jetzt hier genannt werden müssen, wurden bereits angesprochen. Sie stehen bei den Rasenunkräutern. Fast alle dort nicht erwünschten Pflanzen sind hier willkommen. Dort hat man Arbeit und Geld für die Beseitigung aufzuwenden, hier zahlt man, um sie zu bekommen.

Die Samenmischung für eine Blumenwiese besteht nur zu wenigen Teilen aus Blumen. Die Basis bilden Gräser; Schafschwingel *(Festuca ovina)*, Rotschwingel *(Festuca rubra* ssp. *commutata, Festuca rubra* ssp. *rubra)*, Hainrispe *(Poa nemoralis)* und Wiesenrispe *(Poa pratensis)* sind eine übliche

Wegeböschung an einem hochgelegenen Standort. Hier wachsen auch Knabenkräuter.

Am reichhaltigen Blütenreigen einer
Bergwiese des Lötschentals beteiligen sich
sogar Türkenbund- und Paradieslinien
(Lilium martagon und Paradisea liliastrum).
In allen Schichten tragen Dutzende
verschiedener Kräuter ihre Blüten.

Mischung. Ihr Anteil beträgt ungefähr
85 %. Den Rest liefern die Kräuter, je
nach Samengewicht mit Einzelanteilen
von 0,1 bis 3 %.

In ihm sind beispielsweise vertreten:

– Schafgarbe *(Achillea millefolium)*
– Wundklee *(Anthyllis vulneraria)*
– Alpenaster *(Aster alpinus)*
– Gänseblümchen *(Bellis perennis)*
– Kornblume *(Centaurea cyanus)*
– Margerite *(Chrysanthemum leucan-
  themum)*
– Kronwicke *(Coronilla varia)*
– Heidenelke *(Dianthus deltoides)*

– Johanniskraut *(Hypericum perfora-
  tum)*
– Lein *(Linum perenne)*
– Hornklee *(Lotus corniculatus)*
– Lupine *(Lupinus perennis)*
– Algiermalve *(Malva sylvestris)*
– Hopfenschneckenklee *(Medicago
  lupulina)*
– Klatschmohn *(Papaver rhoeas)*
– Wiesensalbei *(Salvia officinalis)*
– Wiesenknopf *(Sanguisorba minor)*
– Kleiner Klee *(Trifolium dubium)*
– Wiesenklee *(Trifolium pratense)*

Das Säen

Diese Liste aus einem Katalog steht als
Beispiel für trockene Lagen.

Das Säen unterscheidet sich schon in
der Vorbereitung weder formal noch
zeitlich von der Arbeit für normalen
Rasen. Unterschiede bestehen höchstens in den Anforderungen an den Boden. Fürs erste ist keineswegs Freiheit
von Unkrautsamen zu fordern. Eine gewisse »Grundausstattung« an Samen
und Wurzeln ist möglicherweise gar
nicht von Übel. Auch darf die Erde getrost einige Steine mehr enthalten als
sonst; manche Pflanzen mögen es ganz
gern, wenn sie ein paar gröbere Brok-
ken zwischen ihren Wurzeln finden. So
muß das Saatbett auch nicht so feinkrümelig beschaffen sein wie beim
Edelrasen.

Obwohl man der Beschaffung des
Saatgutes ausreichende Sorgfalt gewid-
met hat, wird man des öfteren Pflanzen, die nicht aufgegangen sind, nach-
zupflanzen versuchen.

Pflege der Blumenwiese

Die Wiesenpflege läuft anders ab als die Rasenpflege. Das äußert sich schon beim ersten Schnitt, mit dem es nicht besonders eilt. Auf ihn folgen in einem eigenen Rhythmus die weiteren Mähgänge. Deren Zeiten sind schwer nach Datum festzulegen. Sie werden sich vor allem nach der gerade vorhandenen oder zu erwartenden Blütenfülle richten. Dazu spielt die herrschende Wetterlage eine Rolle.

Mähen

Schnittzeitpunkt

Es fällt nicht leicht, eine blühende Wiese dahinzumähen, aber man muß bedenken, daß es der Landwirt nicht anders macht. Und gerade er hat (oder hatte) die schönsten Wiesen. Viele Pflanzen haben die Fähigkeit, sofort wieder neue Blüten anzusetzen. Ließe man diese völlig zu Ende blühen, könnte sogar ein geringerer Blütenertrag die Folge sein, sicher aber einer, der kürzer dauert. Wie Blumen dem Mähen trotzen können, demonstriert uns das Gänseblümchen. Bei ihm währt es keine zwei Tage, bis sich die von der Maschine übergangenen Knospen gestreckt haben und die Pflanze wiederum erblühen lassen. Der Löwenzahn steht ihm darin nicht nach. Auch Salbei, Schafgarbe und Karthäusernelke treiben alsbald neue Blüten. Je zeitiger vor dem Verblühen sie geschnitten wurden, desto kräftiger ist der Ersatz. Keine nimmt das Abschneiden übel.

Es stehen aber vielleicht auch Pflanzen in der Blumenwiese, die die Fähigkeit des Nachblühens nicht besitzen. Beraubt man sie ihrer Knospe, ist im gegenwärtigen Sommer nichts mehr zu erhoffen. Es sind vor allem solche Stauden, die kräftige Blütenstiele treiben und die eine eng begrenzte Blütezeit einhalten. Bei wintergrünen wäre der Schnitt unsinnig – Nieswurz, Immergrün, Farne u. a. – aber sie stehen auch seltener im Gras. Sterben würden sie immerhin auch nicht dran.

Die Beobachtung der Natur gibt uns auch hier wichtige Hinweise. Was wird nicht alles an schönsten Pflanzen gemäht und was abgeweidet und doch sind sie zur nächsten Blütezeit in großer Zahl und gleicher Schönheit wieder zur Stelle: Himmelsschlüssel, Trollblumen, Mehlprimel, Knabenkräuter, Enzian aller Arten, Johanniskraut, Gilb- und Blutweiderich, Teufelskralle und Wiesenschwertlinie, und, wo noch Türkenbund- und Feuerlilie gedeihen, sogar diese. Entscheidend ist der Zeitpunkt. Beim Schnitt vor der Samenreife lebt die Pflanze zwar weiter, aber die Ausbreitung ist erheblich eingeschränkt, wenn nicht gänzlich ausgeschaltet. Im eigenen Garten richtet man sich nach diesen Schönheiten, man mäht um sie herum, solange, bis sie unansehnlich sind oder bis die Samen ausgereift sind. Bei vielen Pflanzen bewährt sich das Warten. Graslinie, Wundklee, Klappertopf, Karthäusernelke und viele andere können auf diese Weise sehr gefördert werden.

Da in der Blumenwiese wohl stets auch Krokus und häufig noch andere Blumenzwiebel- und -knollenpflanzen vorhanden sind, richtet sich der früheste Zeitpunkt für das jährliche Mähen ganz nach ihnen. Er kann dann kaum vor Mitte Juni liegen. Die Blätter der Frühjahrsblüher müssen im Absterben sein. Dies erkennt man an der Bräunung, die meist an der Basis beginnt. Die oberen Blatteile sind dabei noch grün, aber die Pflanze kann sie bereits entbehren, sie bringen ihr keinen Nutzen mehr. Mit Freude wird man registrieren, daß sich Blaue Anemone und Anatolisches Schneeglöckchen durch Selbstaussaat (wohl mit tierischer Transporthilfe) in die Wiese herauswagen und geradezu gerührt ist man, wenn sich ein Alpenveilchen bei diesem Versuch ertappen läßt.

Weitere Schnitte

Wenn der erste Schnitt geschehen ist, können die weiteren Mäharbeiten ganz nach Ermessen angesetzt werden. Selbstredend sind sie auf die Art und Menge der vorhandenen Blüten auszurichten. Zumindest *ein* Schnitt sollte noch folgen, der im Spätherbst. Ungemäht sollte eine Wiese nicht dem Winter überlassen werden, jedenfalls dann nicht, wenn sie mit Krokus besetzt ist. Letzter Termin: je nach Wetterlage, u. U. in einem besonders schönen Herbst noch um die Weihnachtszeit. Ein einziger Schnitt pro Sommer reicht in der Regel nicht aus. Lediglich für dünn bewachsene Plätze, im tiefen Baumschatten beispielsweise oder an sehr trockenen aber auch an sehr feuchten Stellen (steppenheideähnlichen Blumenmatten, Naßwiesen) kann er empfohlen werden. Als beste Zeit gilt auch hier: Spätherbst, wenn herbst-

blühende Enziane, Glockenblümchen, Karthäusernelken und Witwenblumen abgeblüht haben und möglichst auch noch deren Samen ausgereift sind. Nur an extrem mageren Plätzen ist ein völliger Verzicht auf Mähen denkbar, aber auch dieser nicht für alle Zeit, denn im Boden lauern Wurzeln, und durch die Luft schwirren Samen von allerlei Gehölzen, die jeden nur auffindbaren Flecken Boden in Beschlag nehmen möchten. Auf sie muß ein wachsames Auge geworfen werden, und Schere und Sense müssen eingreifen, soll aus der Naßwiese nicht ein Erlen-Weiden-Eschen-Gestrüpp und aus dem Trockenhang nicht ein Schlehen-Weißdorn-Espen-Robinien- oder sonstiges Dickicht entstehen. Auch Kirschen und Pflaumen aller Art breiten sich oft wildwuchernd aus und das sehr schnell. Aufgegebene Weinbergterrassen legen ein beredtes Zeugnis von der Energie und Durchsetzungskraft der Gehölze ab. Dabei leidet auch das Landschaftsbild und viele rare Tiere und Pflanzen nehmen Schaden.

Manche Blumenwiesen tragen im Herbst nur einen sehr dürftigen Blütenschmuck. Sie darf man getrost von irgend einem Zeitpunkt ab im Rasenschnitt-Turnus weitermähen, wenn man das möchte. Auch als Schafweide könnten sie dienen. Das häufigere Mähen würde zwar die bodennahe Blattschicht verdichten, aber es muß bedacht werden, daß nicht alle Pflanzen den wiederholten Schnitt dulden. Sie fielen dann im Lauf der Zeit eben aus. Andere müßten an ihre Stelle treten.

Mähgeräte

Nicht nur der Mähryhthmus, auch die Mähgeräte sind anders als beim Rasen. Die Wiese wäre das richtige Feld für die

Die Streuobstwiese unter Kirschbäumen hat einen kurzen, aber festlichen Höhepunkt. Danach liefert sie Viehfutter in drei Mahden (Wiesenschaumkraut).

Sense s. dazu die Bemerkungen von den Seiten 39/39.

Gänzlich unmöglich ist es, eine Blumenwiese mit dem Spindelmäher sauber zu schneiden. Ein kräftiger Sichelmäher dagegen bewältigt auch die höheren Gräser und die sperrigen Kräuter. In bewegtem Gelände und an Böschungen bewähren sich Motorsense und Ausputzgeräte mit Nylonfaden.

Da sich viele Pflanzen umgelegt haben, wenn sie längere Zeit standen, mag es günstig sein, zweimal nacheinander zu mähen. Beim ersten Mal ist das Mähwerk höher gestellt. Nach dem Absammeln des Mähguts folgt der Kurzschnitt, vielleicht einen Tag später, damit die auf den Boden gedrückten Blätter und Strünke Zeit haben, sich aufzurichten und dann von den Messern erfaßt werden können.

Ist der Graswuchs allerdings sehr schwer und massig, dann ist, von der Sense abgesehen, der Balkenmäher das beste Gerät. Auch ihn gibt es, wie den Sichelmäher, nur mit Motorantrieb. Nun ist noch das gemähte Gras zu beseitigen. Kluge Leute lassen es erst zu Heu werden, ehe sie es zum Kompost aufsetzen. Als Heu läßt es sich mit weniger Mühe tragen, denn frisches Gras wiegt das 10fache. Auch verrottet es dank der luftigeren Beschaffenheit besser. Zum Heuen muß das Gras locker in der Sonne ausgebreitet liegen und am besten auch einmal gewendet werden.

Düngen

Die Blumenwiese düngen?

Es ist ein weitverbreiteter Irrtum, daß eine Blumenwiese nur durch »Abmagern« blumenreich bliebe oder sich noch reicher an Blumen entwickle. Blumenwiese ist eben nicht gleich Blumenwiese. Und es gibt eben auch Pflanzen, die von ihrer Ernährung leben und nicht von ihrem Hunger. Aber es existieren andere, die selbst dann noch leben (und blühen), wenn ihre Nachbarn längst verhungert oder ertrunken sind. So wird man klugerweise – wenn's um die Blüten geht und nicht ums Viehfutter – eine Magerwiese *nicht* düngen und eine Naßwiese nicht entwässern, eine solche aber, auf der Lichtnelke, Storchschnabel, Löwenzahn und Teufelskralle und vielleicht sogar noch Lilien und andere Raritäten gedeihen sollen, mit Nahrung versorgen. Man wird sich dabei aber erinnern an sein Schulwissen und bedenken, daß Stickstoff den Graswuchs besonders fördert. Blumenwiesen brauchen Kali und Phosphate zur Ernährung. Ein kalkreicher Boden ist die weitere Voraussetzung.

Lieber Blumenwiesenfreund, sehen Sie sich um, dort, wo die saftigsten, buntesten, vielfältigsten Blumenwiesen erglänzen, in den Alpentälern oder auch auf den Matten der Mittelgebirge, ob auf der Alb, dem Schwarzwald oder der Rhön. Was tun die Bauern? Sie tragen Mist auf, und das nicht zu sparsam. Ergab sich die Möglichkeit, haben sie schon vor Jahrhunderten Bewässerungsgräben angelegt. Aus diesen lassen sie manchenorts heute noch kurz vor der Mahd das lebensspendende Naß über den Wiesenplan rieseln, freilich nicht der Blumen, sondern des Heues wegen. Aber Heu, das ist Gras und Kräuter in inniger Mischung. Sehen Sie sich auch dort um, wo zuviel gedüngt wird: Die Wiesen sind »fett« und grün, aber nur wenige Pflanzenarten zeigen Blüte; Löwenzahn, Wiesenkerbel, was sonst noch? Der Gülle-Effekt!

Nicht-düngen also auf Magerrasen, oder, wenn doch, dann punktuell gezielt. Punktuell z. B. zur Ansiedlung neuer Pflanzen, die später der Kargheit überlassen werden können. Eine *Pulsatilla* etwa oder ein Diptam werden schneller Fuß fassen und vielleicht fünf Jahre früher blühen, wenn sie eine Handvoll lockere Erde, mit Mist oder Kompost angereichert, als Starthilfe ins Pflanzloch gespendet bekommen haben.

Düngen generell aber dort, wo wir Kräuter haben, die Nahrung verlangen. Sparsam und überlegt düngen!

Veränderungen im Kräuterbestand der Blumenwiese, vor allem am sonnigen Hang, können durch Austrocknen entstehen. Ein sonniger Mai und ein heißer Juni mit spärlichem Regen, aber auch sommerliche Dürreperioden merzen so manches hoffnungsfroh grünende Pflänzchen aus, noch ehe es sich zum Blühen entfalten konnte. Und das oft noch nach Jahren scheinbar besten Gedeihens. Mag sein, es überlebt die lebensfeindliche Zeit unterirdisch. Meistens aber verschwindet es gänzlich. So stellt die Natur ihre Ordnung her. Sie liest aus. Bestehen kann nur, was *auf Dauer* für den Standort geeignet ist. Falls man das akzeptiert, gießt man nicht. Sieht man aber eine Blumenwiese in dem Sinn an, wie den übrigen Garten, nämlich als Produkt der eigenen Vorstellung und des eigenen Mühens, dann wird man seiner Wiese wohl oder übel mit Wassergraben über die Krise hinweghelfen müssen. Bei der nächsten Verknappung muß das dann aber ebenso wieder geschehen, wie bei allen folgenden auch. Diese Konsequenz ist zu bedenken, wenn sehr viel gepflanzt wird und das Pflanzen nicht von vornherein mit der Bereitschaft zum vollen Risiko geschieht.

Für das Düngen empfiehlt es sich selbstredend, die Zeiten zu wählen, in denen das Gras kurz ist. Das ist im Frühjahr vor dem Wachsen und im Sommer nach dem Mähen. Mit den zur Verfügung stehenden Langzeitdüngern ist es gut möglich, die gesamte Düngung auf die Gabe im Frühjahr zu beschränken. Zu vermeiden sind Dünger mit ausgeprägtem, schnell wirkendem Stickstoffanteil, es sei denn, der Dünger stünde in Form von Mist zur Verfügung. Die Wiese wäre gewiß auch für eine gelegentliche Kompostgabe dankbar. Eine Bewässerung richtet sich nach den vorhandenen und den erwünschten Pflanzen und nach der Lage der Fläche.

Unkraut?

Daß der Begriff »Unkraut« in der Blumenwiese einen gänzlich anderen Klang hat als beim Rasen, bedarf sicher keiner besonderen Bekräftigung. Vielmehr ist darüber nachzudenken, ob es denn hier überhaupt Pflanzen gibt, die unerwünscht erscheinen könnten. In der Tat, solche können benannt werden.

Gehölze
Es sind fast ausschließlich Gehölze, die als Ranken, Ausläufer oder Sämlinge in die Wiese vorzudringen versuchen: Birken, Eschen, Ahorn, Pappeln und Wei-

den. Bucheckern und Eicheln lassen sich von Vögeln herbeitragen. An sonnigen Hängen wuchern Brombeersträucher, Sanddorn- und Schlehengehölz und an feuchten Plätzen schlagen Weiden und Erlen aus Wurzeln aus. Auch Gartengehölze treiben unentwegt Schößlinge: Essigbaum, Kirschen- und Pflaumenbaum, Liguster, Flieder, Holunder und Schneebeersträucher.

Zum Glück braucht man zur Eindämmung der Gehölze kein Gift. Es ist weder nötig noch möglich. Sense und Mähmaschine genügen. Solche Gehölzschößlinge lassen sich durch wenigstens einmaliges Mähen pro Jahr zwar nicht vernichten, aber doch immerhin kurzhalten. Da viele immer wieder neu treiben, wachsen die ständig abgeschnittenen Triebe im Laufe der Jahre zu einer Bürste zusammen. Irgendwann müssen sie daher vom Grund aus beseitigt werden, am besten mit Pickel oder Haue.

Wuchernde Pflanzen
Ob auch andere Gewächse in den Ruf des Unkrauts kommen, hängt einzig von uns selber ab. Dulden wir alles, dann gibt es überhaupt kein Unkraut, sehen wir aber das Überhandnehmen einer bestimmten Pflanzenart unwillig, werden wir sie wohl oder übel dezimieren. Dies vor allem dann, wenn sie selbst nicht gerade zur Verschönerung der Wiese beiträgt und vielleicht bessere und schönere Pflanzen unterdrückt.

Da wir in der Blumenwiese die Vielfalt wünschen, stören wuchernde Pflanzen am ehesten. Es kann auch eine von denen sein, die ursprünglich eingesät wurden wie Schafgarbe und Kleiner Klee. Aber selbst Schmarotzer und Halbschmarotzer wie Kleeseide,

Sommerwurz, Augentrost und Klapper-topf würde man noch als interessante Raritäten begrüßen. Sie lassen ihre Wirte am Leben, bereichern aber dennoch die Artenvielfalt.

Im mageren Bodenbereich ist das Auswuchern bestimmter Pflanzen, die andere ersticken, nicht so leicht gegeben wie im überdüngten Boden. Dort können derbe Ruderalpflanzen so überhandnehmen, daß das Zartere, das Farbige, überhaupt die Vielfalt erdrückt wird oder weichen muß. Der große Ampfer, Kohldistel und Brennessel, um nur ein paar wenige zu nennen, haben ihren »richtigen« Standort doch eher außerhalb des Gartens. Sie brauchen Fläche und nur in der freien Landschaft offenbaren sie ihre Art von Schönheit. Pflanzen dieses Typs müßten durch Ausstechen beseitigt werden, wenn man sie nicht will.

Abmagern des Bodens braucht Zeit und ist auch nicht immer richtig, chemische Mittel sind bedenklich oder gar nicht einsetzbar. Verstärktes Mähen brächte höchstens einen Scheinerfolg, als dadurch die nicht erwünschten Pflanzen lediglich weniger auffielen, angenehmere aber doch nicht an ihre Stelle träten.

Schädlinge

Ähnlich tolerant wie gegenüber ungeliebten Pflanzen, wird man sich auch unerbetenen Tieren gegenüber verhalten. Käfer, Grillen, Raupen, Maulwürfe, sie reichern das Erlebnis »Blumenwiese« doch nur an. Treten Blattläuse in Heerscharen auf, wird man gespannt, aber lächelnd auf Marienkäfer und Florfliegenlarven warten können. Sie erscheinen bestimmt und sorgen

wieder für ausgeglichene Verhältnisse. Den Grillen gönnt man die paar Blättchen, mit denen sie ihr Leben fristen. Mit ihrem Zirpen sind wir reichlich entlohnt. Blattnagende Raupen lassen uns wie der Engerling an der Wurzel an Schmetterling und Käfer denken, zu dem sie sich entwickeln.

Doch bei Feld- und Wühlmaus endigt das duldende Verstehen, wenn sie mit feinem Gespür die Perlen unserer Wiesenflora herauszunagen beginnen. Nelken und Schleierkraut, Krokusknollen und Narzissenzwiebeln sind uns zu schade für die Wühler und Nager.

Eine Vorliebe für Rares und Wertvolles, weil dieses oft besonders saftige Triebe und weiche Blätter treibt, scheinen Schnecken zu empfinden. Eine normale Schneckenpopulation verkraftet eine Wiese, aber es gibt Jahre, in denen die Schleimtiere maßlos überhandnehmen. Da muß das Absammeln helfen. Die Absicht, Tieren bestimmte Pflanzen sogar zum Fraß anzubieten, wird durch die Vorstellung eines über unsere Wiese schwebenden Segelfalters sicher stark gefördert. Wir werden gern eine Handvoll Kümmelsamen mit aussähen, um ihn »anzuwerben«. Begeisterte Schmetterlingsfreunde dulden vielleicht sogar einen Horst Brennesseln, um Raupenfutter bereitzuhalten.

Den Blumenreichtum erhalten

Die Pflege der Blumenwiese ist hauptsächlich darauf ausgerichtet, den Blütenreichtum zu erhalten und weiter zu steigern. So wird man die wenigen Kräuter, die sich unliebsam bemerkbar machen, entfernen, selbst gewonnenen oder gekauften Samen nachsäen und Jungpflanzen setzen.

Nachsaat

Für die Aussaat sind offene Stellen im Boden zu schaffen, die auch von den Wurzeln der ringsum stehenden Pflanzen zu befreien sind. Es genügt keineswegs, den Samen so einfach über die Wiese zu streuen. Bei einem derartigen Verfahren wäre ein Keimling einem Lotteriegewinn gleichzusetzen. Was sich allerdings mühelos durchsetzt, ist der Klappertopf *(Alectorolophus)*. Auch Schlüsselblumen *(Primula)* und Karthäusernelken *(Dianthus carthusianorum)* können Fuß fassen, wenn der Standort stimmt. Aus vielen Samen kann man ganz gut selbst Jungpflanzen durch Aussaat in Kisten oder Töpfen gewinnen. In den meisten Fällen ist die eigene Anzucht nicht lohnend, obwohl sehr viele Samen käuflich sind. Sinnvoll und ergiebig ist sie aber mit selbst abgenommenen Samen oder solchen, die schnell und ohne Schwierigkeiten keimen. Alle anderen bezieht man von Spezialgärtnereien, die ein reichhaltiges Sortiment anbieten. Dort sind die für den jeweiligen Standort passenden Pflanzen am besten auszuwählen.

Wildstauden zum Nachpflanzen

In den folgenden Listen sind (ohne Anspruch auf Vollkommenheit) derartige Wildstauden, grob eingeteilt für 5 verschiedene Bodenverhältnisse, zusammengestellt.

Trockene Standorte
Schafgarbe *(Achillea millefolium)*
Odermennig *(Agrimonia eupatoria)*
Ochsenzunge *(Anchusa officinalis)*
Katzenpfötchen *(Antennaria dioica)*
Graslilie *(Anthericum liliago)*
Bergaster *(Aster amellus)*
Goldhaaraster *(Aster linosyris)*
Ochsenauge *(Buphthalmum salicifolium)*
Silberdistel *(Carlina acaulis)*
Wiesenflockenblume *(Centaurea jacea)*
Guter Heinrich *(Chenopodium bonushenricus)*
Wucherblume *(Chrysanthemum corymbosum)*
Wegwarte *(Cichorium intybus)*
Bunte Kronwicke *(Coronilla varia)*
Hundszunge *(Cynoglossum officinale)*
Karthäusernelke *(Dianthus carthusianorum)*
Heidenelke *(Dianthus deltoides)*
Diptam *(Dicatmnus albus)*
Fingerhut (gelber) *(Digitalis grandiflora)*
Natterkopf *(Echium vulgare)*
Zypressenwolfsmilch *(Euphorbia cyparissias)*
Knolliges Mädesüß *(Filipendula vulgaris)*

Die Küchenschelle (Pulsatilla vulgaris).

Labkraut *(Galium verum)*
Kreuzenzian *(Gentiana cruciata)*
Blutstorchschnabel *(Geranium sanguineum)*
Schleierkraut *(Gypsophila repens)*
Sonnenröschen *(Helianthemum nummularium)*
Sandstrohblume *(Helichrysum arenarium)*
Orangerotes Habichtskraut *(Hieracium aurantiacum)*
Kleines Habichtskraut *(Hieracium pilosella)*
Hufeisenklee *(Hippocrepis comosa)*
Johanniskraut *(Hypericum perforatum)*
Ysop *(Hyssopus officinalis)*
Knautie *(Knautia arvensis)*
Frauenflachs *(Linaria vulgaris)*
Hornklee *(Lotus corniculatus)*
Pechnelke *(Lychnis viscaria)*
Andorn *(Marrubium vulgare)*
Hauhechel *(Ononis spinosa)*
Eselsdistel *(Onopordum acanthium)*
Dost *(Origanum vulgare)*
Mittlerer Wegerich *(Plantago media)*
Weißes Fingerkraut *(Potentilla arenaria)*
Küchenschelle *(Pulsatilla vulgaris)*
Wiesensalbei *(Salvia pratensis)*
Kl. Wiesenknopf *(Sanguisorba minor)*
Taubenscabiose *(Scabiosa columbaria)*

Gelbe Scabiose *(Scabiosa ochroleuca)*
Mauerpfeffer *(Sedum acre)*
Weiße Fetthenne *(Sedum album)*
Tripmadam *(Sedum reflexum)*
Leimkraut *(Silene vulgaris)*
Gamander *(Teurium chamaedris)*
Thymian (Quendel) *(Thymus serpyllum)*
Violette Königskerze *(Verbascum phoeniceum)*
Ähriger Ehrenpreis *(Veronica spicata)*

Trocken-frische Böden
Großes Windröschen *(Anemone sylvestris)*
Wundklee *(Anthyllis vulneraria)*
Wermut *(Artemisia absinthium)*
Knäuelglockenblume *(Campanula glomerata)*
Rundblättrige Glockenblume *(Campanula rotundifolia)*
Scabiosenflockenblume *(Centaurea scabiosa)*
Weidenröschen *(Epilobium angustifolium)*
Sigmarswurz *(Malva alvea)*
Moschusmalve *(Malva moschata)*

Die Graslilie (Anthericum liliago) ist, wie auch die Küchenschelle, ideal für den trockenen Hang in kalkreichem Boden.

Wilde Malve *(Malva sylvestris)*
Gelbklee *(Medicago lupulina)*
Esparsette *(Onobrychis viciifolia)*
Spitzwegerich *(Plantago lanceolata)*
Goldgelbes Fingerkraut *(Potentilla aurea)*
Blutwurz *(Potentilla erecta)*
Echte Schlüsselblume *(Primula veris)*
Braunelle *(Prunella grandiflora)*
Seifenkraut *(Saponaria ocymoides)*
Ziest *(Stachys officinalis)*
Kleine Wiesenraute *(Thalictrum minus)*

Frische Böden

Günsel *(Ajuga reptans)*
Frauenmantel *(Alchemilla mollis)*
Wiesenkerbel *(Anthriscus sylvestris)*
Akelei *(Aquilegia vulgaris)*
Grasnelke *(Armeria maritima)*
Margerite *(Chrysanthemum leucanthemum)*
Rainfarn *(Chrysanthemum vulgare)*
Fingerhut (rot) *(Digitalis purpurea)*
Wiesenstorchschnabel *(Geranium pratense)*
Bärenklau *(Heracleum sphondylium)*

Orangerotes Habichtskraut *(Hieracium aurantiacum)*
Großer Wegerich *(Plantago major)*
Schlüsselblume *(Primula vulgaris)*
Seifenkraut *(Saponaria officinalis)*
Wiesenklee *(Trifolium pratense)*
Huflattich *(Tussilago farfara)*
Königskerze *(Verbascum nigrum)*

Feucht-frische Böden

Beifuß *(Artemisia vulgaris)*
Gänseblümchen *(Bellis perennis)*
Rapunzelglockenblume *(Campanula rapunculoides)*
Karde *(Dipsacus sylvestris)*
Langblättriger Ehrenpreis *(Veronica longifolia)*

Feuchte Standorte

Sumpfschafgarbe *(Achillea ptarmica)*
Eisenhut *(Aconitum napellus)*
Große Sterndolde *(Astrantia major)*
Wiesenglockenblume *(Campanula patula)*
Wiesenschaumkraut *(Cardamine pratensis)*

Der Wiesenstorchschnabel (Geranium pratense) bringt die blaue Farbe zum reichlich vorhandenen Gelb von Hahnenfuß und Wiesenfeste.

Unten: So fängt es an! Im Rasen haben sich »von selbst« Margariten-Nester gebildet. Sie werden beim Mähen umfahren und alsbald setzt eine wundersame Vermehrung ein.

Wasserdost *(Eupatorium cannabinum)*
Mädesüß *(Filipendula ulmaria)*
Bachnelkenwurz *(Geum rivale)*
Vierflügeliges Johanniskraut *(Hypericum tetrapterum)*
Kuckuckslichtnelke *(Lychnis flos-cuculi)*
Blutweiderich *(Lythrum salicaria)*
Roßminze *(Mentha longifolia)*
Poleiminze *(Mentha pulegium)*
Pestwurz *(Petasites hybridus)*
Jakobsleiter *(Polemonium caeruleum)*
Wiesenknöterich *(Polygonum bistorta)*
Hohe Schlüsselblume *(Primula elatior)*
Sumpfziest *(Stachys palustris)*
Beinwell *(Symphytum officinalis)*
Telekie *(Telekia speciosa)*
Gelbe Wiesenraute *(Thalictrum flavum)*
Akeleiblättrige Raute *(Thalictrum aquilegifolium)*
Trollblume *(Trollius europaeus)*
Baldrian *(Valeriana officinalis)*

Alle hier genannten Pflanzen lieben oder verlangen sonnigen, freien Stand. Alle können gemäht bzw. geschnitten werden, einige aber erst nach dem Verblühen. Viele der in der Gruppe für trocken-frische Standorte aufgeführten Pflanzen gedeihen noch gut an ausgesprochen trockenen Plätzen. Nicht alle aber sind, selbst an ihrem begrenzten Standort, überall gleich gut geeignet, z. B. die ausgesprochen klein bleibenden Stauden wie Mauerpfeffer, Fetthenne und Seifenkraut. Dennoch vermögen sie am richtigen Platz eine Lücke zu füllen.

Daß auch durchaus nicht alle gleich attraktiv auftreten, muß sicher nicht besonders betont werden – die eine Pflanze blüht so, die andere anders. So werden sich nur spezielle Liebhaber den Guten Heinrich, Karde, Wermut oder Spitzwegerich in die Wiese pflanzen. Auch leicht problematische Gewächse sind in den Listen enthalten, wie der Huflattich, der im Gras auf die Dauer wohl untergehen wird oder die Pestwurz, die sehr massiv wuchern kann, so es ihr behagt.

Zu diesen in den Listen genannten Stauden ist noch eine Reihe von hübschen Gräsern zu nennen, die als Sämerei nicht oder nicht allgemein im Handel sind. Als Ziergräser kennt man sie auch aus Staudenpflanzungen.

Gräser

Trockene Standorte
Zittergras *(Briza media)*
Aufrechte Trespe *(Bromus erectus)*
Blaugrüne Segge *(Carex flacca)*
Blaustrandhafer *(Elymus arenarius)*
Blauschwingel *(Festuca glauca)*
Haarschwingel *(Festuca tenuifolia)*
Schillergras *(Koeleria glauca)*
Wimperperlgras *(Melica ciliata)*
Blaugras *(Sesleria varia)*
Büschelhaargras *(Stipa capillata)*
Federgras *(Stipa pulcherrima)*

Feuchte Standorte
Flatterbinse *(Juncus effusus)*
Blaugrüne Binse *(Juncus inflexus)*
Pfeifengras *(Molina caerulea)*
Rohrglanzgras *(Phalaris arundinacea)*

Stauden und Gräser für den Schatten

Die Bepflanzung nach den zuvor genannten Listen kann noch recht vorteilhaft mit weiteren, dazu passenden Stauden und Gräsern ergänzt werden, denen ein Platz am Gehölzrand oder im leichten Gehölzschatten zugewiesen wird.

Beinwell (Symphitum officinale) ist eine altbekannte, wüchsige Heilpflanze.

Leichter Gehölzschatten
Gelber Eisenhut *(Aconitum lycocto-num)*
Christophskraut *(Actaea spicata)*
Frauenmantel *(Alchemilla vulgaris)*
Buschwindröschen *(Anemone nemo-rosa)*
Waldgeißbart *(Aruncus dioicus)*
Waldglockenblume *(Campanula latifo-lia)*
Pfirsichblättrige Glockenblume *(Campa-nula persicifolia)*
Nesselglockenblume *(Campanula tra-chelium)*
Bergflockenblume *(Centaurea montana)*
Maiglöckchen *(Convallaria majalis)*
Hohler Lerchensporn *(Corydalis cava)*
Waldmeister *(Galium odoratum)*
Blutstorchschnabel *(Geranium sangui-neum)*
Nelkenwurz *(Geum urbanum)*
Gundermann *(Glechoma hederacea)*
Grüne Nieswurz *(Helleborus viridis)*
Leberblümchen *(Hepatica nobilis)*

Nachtviole *(Hesperis matronalis)*
Taubnessel *(Lamium maculatum)*
Frühlingsplatterbse *(Lathyrus vernus)*
Silberblatt *(Lunaria rediviva)*
Bienensaug *(Melittis melissophyllum)*
Salomonssiegel *(Polygonatum multiflo-rum)*
Lungenkraut *(Pulmonaria angustifolia)*
Braunwurz *(Scrophularia nodosa)*
Waldziest *(Stachys sylvatica)*
Große Sternmiere *(Stellaria holostea)*
Beinwell *(Symphytum grandiflorum)*
Immergrün *(Vinca minor)*
Schwalbenwurz *(Vincetoxicum hirundi-naria)*

Hierzu aus einer Anzahl von Gräsern
einige besonders schmucke:
Bergsegge *(Carex montana)*
Riesensegge *(Carex pendula)*
Schattensegge *(Carex sylvatica)*
Rasenschmiele *(Deschampsia cespitosa)*
Amethystschwingel *(Festuca amethy-stina)*

Schneemarbel *(Luzula nivea)*
Waldmarbel *(Luzula sylvatica)*
Nickendes Perlgras *(Melica nutans)*

Tiefer Schatten

Tiefer im Schatten bieten Farne eine vorzügliche Ergänzung. Das Mähen muß im Schatten vorsichtig durchgeführt werden, nicht zu früh und nicht zu häufig. Manche Pflanzen bleiben besser ungeschoren (wintergrüne Nieswurz, Immergrün, vielleicht auch Seggen, Rasenschmiele und Perlgras).

Wenn es wohlüberlegt geschieht, können noch weitere Stauden, die wir sonst in Staudenbeeten versammeln, in die Blumenwiese herausgenommen werden. Das gilt unter anderem für einige Enzianarten, einige Schlüsselblumen, Herbstanemonen, Hornveilchen, Blaue Anemone, aber keinesfalls für Prachtstauden wie Rittersporn und Türkischen Mohn.

Knollen- und Zwiebelpflanzen

Nun ist noch eine sehr wichtige Komponente der Blumenwiesengemeinschaft anzusprechen. Das sind die Pflanzen mit Zwiebeln und Knollen. Nur mit ihnen läßt sich eine entscheidende Dimension in der Blühdauer und damit in der ganzen Erlebnisbreite, die die Blumenwiese bieten kann, dazugewinnen. In einer stattlichen Anzahl werden sie uns angeboten, denn zu den ursprünglichen Arten kommen ungezählte gezüchtete Sorten. Was aber in Beet und Steingarten brauchbar ist,

Herbstanemonen (Anemone hupehensis, Anemone-Japonica-Hybriden) sind kraftvoll-robuste Stauden.

taugt deshalb noch lange nicht für die Wiese. Da schrumpft die Zahl erheblich.

Das Wachstum

Zwiebeln, Knollen und Zwiebelknollen, das sind Organe, die sich bestimmte Pflanzen zugelegt haben, um unter extremen Klimaverhältnissen überhaupt überleben zu können. Es geht um das Überleben von Kaltzeiten, vor allem aber von alljährlich wiederkehrenden Trockenperioden. Da erscheint es auf den ersten Blick als Rätsel, wenn nicht gar als »Irrtum« der Evolution, wenn man zu ergründen versucht, warum wohl auch heimische Pflanzen mit diesen Einrichtungen ausgestattet wurden. Wo sind bei uns die Trockenzeiten, und warum überstehen tausende anderer

Pflanzenarten ohne offensichtliche Reserven den Sommer so gut wie den Winter? Was also nutzt einer Pflanze, die in der Wiese lebt, ihre Zwiebel?

Betrachten wir den Lebensablauf genauer, dann fällt uns auf, daß sie sich gegenüber allen anderen sozusagen antizyklisch verhält: Sie »lebt«, während die anderen noch »schlafen«, sammelt Vorräte und schafft sie »in den Keller«, solange Platz ist. Wenn dann die anderen um die Existenz wetteifern, kann sie sich getrost ausruhen. Vielfach kann sie ihren jährlichen Lebenslauf sogar gleich mit der Blüte beginnen. Die Bienen genießen das und sind »ganz für sie da«. Der Krokus zeigt uns das eindringlich. Schon im Herbst regt sich das Leben in ihm. Aus der Knolle erwächst eine Spitze. Schneiden wir dieses Gebilde von oben bis unten durch, zeigt sich ganz deutlich die bereits vorgebildete Blüte. Sogar Farben sind schon angedeutet. Unter der Schneedecke geht das Wachstum weiter und die ersten sonnenwarmen Tage im Februar öffnen die Blüten. Keine dieser frühen Blüten entgeht den sammelfreudigen Bienen und so bleibt auch keine unbefruchtet. Der Krokus kann es sich leisten, auf das nährende Grün vorerst zu verzichten, die Blüte zeigt keinen Hauch davon, sie kann zunächst zehren. Alles ist Blüte.

Die Assimilationsarbeit kann später beginnen, wenn der Fortbestand der Art gesichert und die Wirkung des Sonnenlichts noch kräftiger geworden ist. Das Gras um die Blüten herum ruht noch lange, ihm ist es zu kalt. Nun aber kommen auch die kräftiggrünen Blätter aus der Knolle und beginnen mit dem Sammeln und Produzieren neuer Nährstoffe. Während das Gras immer noch erst im Kommen ist, haben sie einen

Teil ihrer Ernte schon eingefahren. Bis die notwendigen Vorräte aber voll aufgefüllt sind, dauert es noch einige weitere Wochen. Die Blätter müssen also wenigstens bis Ende Mai oder bis zum Mittsommer grün bleiben. Auch für die Ausbildung des Samens und seiner Startverpflegung muß in dieser Zeit gesorgt werden.

Nun erst werden die Blätter langsam braun. Nun dürfen sie gemäht werden, sie sind zu nichts mehr nütze. Danach ist vom Krokus keine Spur mehr zu sehen. Aber nochmals regt sich Leben. Wieder etwas Bleiches sticht aus dem Boden heraus. Es sind die Samenkapseln, die wirklich letzte Botschaft aus dem Verborgenen. Über den Sommer und Herbst hinweg gibt sich die Krokuswiese so, als sei im Frühjahr nichts gewesen – keine Zeugen sind zu sehen. Dem Krokus ähnlich verhalten sich die übrigen sehr frühen Blüher, nur wenige aber schicken den grünen Pflanzenteilen die Blüten so weit vorweg. Dafür blühen sie auch später.

Lebensbedingungen

Zwiebel- und Knollenblumen setzen zum mindesten Sommertrockenheit voraus, viele aber auch noch offenen Boden. Sie haben ihre Heimat in steppenartiger Umgebung, die ihnen bei uns im besten Fall ein gut entwässerter Platz im Steingarten halbwegs ersetzen kann. Die von Natur aus in Mitteleuropa ansässigen Krokus, Narzissen, Blausterne, Schneeglöckchen, Märzenbecher, Traubenhyazinthen und Lerchensporn finden in der vollbesonnten Wiese oder auch im dünnen Bewuchs des Baumschattens die zusagenden Lebensbedingungen. Dies gilt für die Wildformen genauso wie für viele Züchtungen.

Arten und Sorten

Tulpen und Hyazinthen sind nicht für die Wiese geschaffen. Doch selbst von ihnen vermögen einige dort zu überleben, viel mehr als zu überleben auf die Dauer aber nicht. Alsbald verändern sie ihre Farbe und vor allem die üppige Gestalt, die ihnen angezüchtet wurde. Die Tulpen zeigen sich schon im folgenden Frühjahr dünnstengelig, später fehlfarbig, die Hyazinthen mit gelockerter Blütentraube, die mehr und mehr der des Glöckchenblausterns ähnlich wird. Hübsch sind sie trotzdem noch. In dieser anspruchslosen Form können sie jahrelang weiter existieren. Tulpen bleiben in Nestern stehen. Im Boden steckt ein ganzer Klumpen von Tochterzwiebeln. Etwas verdünnter Graswuchs, wie er sich unter den Kronen locker stehender Obstbäume ausbildet, erleichtert das Überleben. Für eine Empfehlung zur Anwendung in der Wiese reichen diese Feststellungen über Tulpen und Narzissen aber keineswegs. Doch soll eigenes Experimentieren nicht vermiest werden. Schneeglanz *(Chionodoxa)*, Blaustern *(Scilla)* und Schneeglöckchen *(Galanthus)* behaupten sich wie Krokus sehr fest in der Wiese. Manchmal werden sie ihrerseits sogar die Gräser beengen. Im Verlauf von zwei Menschengenerationen können sie sich zu derart starken Beständen vermehren, daß im Frühjahr ein wahrer Blütenteppich zu sehen ist und Wochen später die Blätter dicht an dicht stehen.

Die Traubenhyazinthe *(Muscari botryoides)* wird im Gras ausreichend im Zaum gehalten. Erreicht sie aber offenen Beetboden, kann sie sich unkrautmäßig ausbreiten.

Dünnen Bewuchs und lockeren Boden verlangt der Lerchensporn *(Cory-*

dalis cava) , der von Natur aus im lichten Auenwald und am Gehölzrand zu finden ist.

Der Winterling *(Eranthis)* hingegen ist für das Leben im Gras nur wenig tauglich. Wurzelkonkurrenz tötet ihn. Er fühlt sich nur im Moder verfallender Blätter tief im Schatten von Laubgehölzen wohl. Diesen Lebensbereich kann ihm höchstens das offene Beet ersetzen. Der Märzenbecher *(Leucojum vernum)*, auch Frühlingsknotenblume genannt, liebt ähnliche Situationen, ist aber viel mehr zur Anpassung befähigt. In alten Obstgärten des Gebirgsvorlandes kann man ihn mancherorts zu Tausenden blühen sehen, und er beweist durch diese Ausbreitung, daß er sich dort wohl über lange Zeiten hinweg heimisch fühlen muß. Seine Herkunft hat er unter Laubbäumen in Auenwäldern. Dort hält er sich unabsehbare Zeit unter der einen Bedingung auf, daß Eschen, Ahorn und Buchen nicht umgehauen und durch Fichten ersetzt werden. Im Garten, in kräftigem humosen Boden vermehren sich Märzenbecher willig und schnell, wenn die Samen ausreifen dürfen und ein offenes Saatbett vorfinden. Falls man eigene Sämlinge bzw. Zwiebelbrut verpflanzen will, besorgt man das am besten in saftig grünem Zustand. Das schadet den Pflanzen überhaupt nicht.

Die gekauften Zwiebeln erhält man dagegen oft erst in sehr mitgenommenem Zustand, da sie mit keinem so derben Schutz in ihrer Außenhülle wie die Zwiebel der Tulpe oder die Knolle des Krokus ausgestattet sind. Um größere Schädigungen zu vermeiden, sollen sie auf alle Fälle so früh wie möglich besorgt und ohne Verzug in den Boden gebracht werden. Der günstige Platz ist in frischem Boden unter Laubbaumkronen. Feuchte im März, April und Mai, das lieben sie. An mageren, trockenen Stellen bauen sie ab.

Dies ist auch der richtige Standort für den Blaustern *(Scilla bifolia, Scilla sibirica)*, den Lerchensporn *(Corydalis cava)* und das Buschwindröschen *(Anemone nemorosa)*, das aber mit seinem Rhizom – einer verdickten Wurzel – nicht mehr zu den eigentlichen Knollengewächsen gezählt wird.

Auch das Scharbockskraut *(Ranunculus ficaria)*, ein im allgemeinen nicht sehr hochgeschätzter Vertreter der heimischen Flora, müßte hier angesiedelt werden, wobei der Schatten durchaus noch ein wenig tiefer sein darf, als bei den übrigen. Das Scharbockskraut ist in den Listen des Blumenzwiebelhandels nicht zu entdecken. Wer aber eine Zuneigung zu diesem bescheidenen Gewächs mit der gelben, lackglänzenden Blüte empfindet, wird sich aus einem feuchten Wald einige Knöllchen besorgen, ohne in Sorge sein zu müssen, er habe die Natur geschädigt.

Die folgende Zusammenstellung enthält vorzüglich und weniger gut geeignete Blumenzwiebel- und -knollenpflanzen mit Angabe einiger Sorten unter Erwähnung einiger nicht brauchbarer.

Vorzüglich geeignet:
Schneeglanz *(Chionodoxa luciliae, C. sardensis)*
Herbstzeitlose *(Colchicum autumnale,* C.-Hybride 'Violet Queen', *C. bornmuelleri, C. speciosum)*
Krokus *(Crocus chrysanthus,* 'E. Aug. Bowles', 'Fuscotinctus', 'Snow-Bunting', 'Blue Pearl', 'Cream-Beauty', 'Harlequin', 'Nanette', 'Princess Beatrix', 'Zwanenburg Bronce', *C. tommasinianus* ‚Barrs Purple', 'Whitewell Purple',

C. vernus, 'Early Perfection', 'Enchantress', 'Grand Maître', 'Jeanne d'Arc', 'Kathleen Parlow', 'Purpureus Grandiflorus', 'Queen of the Blues', 'Remembrance', 'Vanguard', 'Schneesturm')
Herbstkrokus *(Crocus pulchellus, C. sativus, C. speciosus)*
Schneeglöckchen *(Galanthus nivalis)*
Straußhyazinthe *(Muscari botryoides)*
Federhyazinthe *(Muscari comosum)*
Trompetennarzissen gelb *(Narcissus pseudonarcissus* 'King Alfred', 'Golden Harvest', 'Early Glory', 'Magnificense')
Bicolor – Narzissen zweifarbig (‚Magnet', 'Queen of the Bicolors', 'Music Hall')
Narzissen weiß (‚Mount Hood', 'Mrs. E. H. Krelage', 'Beersheba')
Großkronige Narzissen (Schalennarzissen, 'Carlton', 'Scarlett Elegance', 'Yellow Sun')
Kurzkronige Narzissen (‚Eduard Buxton', 'Barret Browning')
Dichternarzissen *(Narcissus poeticus* ‚Actaea')
Milchstern *(Ornithogalum umbellatum)*
Blaustern *(Scilla bifolia, S. sibirica)*

Stellenweise verwendbar, aber für den allgemeinen Wiesenstandort mit Mängeln behaftet, sind
Bärlauch *(Allium ursinum)* (wuchert)
Blaue Anemone *(Anemone blanda)*
Aronstab *(Arum maculatum)*
Gr. Schneeglanz *(Chionodoxa gigantea)*
Lerchensporn *(Corydalis cava)*
Schachbrettblume *(Fritillaria meleagris)*
Anatolisches Schneeglöckchen *(Galanthus elwesii)*
Siegwurz *(Gladiolus communis, G. imbricatus)*

So dicht wie hier die Gartenkrokus stehen auch ihre Verwandten in der freien Natur, eher noch dichter.

Hyazinthe *(Hyacinthus orientalis)*
Märzenbecher *(Leucojum vernum)*
Türkenbundlilie *(Lilium martagon)*
Straußnarzisse *(Narcissus tazetta)*
Waldtulpe *(Tulipa sylvestris)*

Weitgehend oder gänzlich ungeeignet
sind
Großblättrige und großwüchsige
Laucharten *(Allium)*
Winterling *(Eranthis hyemalis* u. a.)
Netziris *(Iris reticulata)*
Kleinwüchsige Wildnarzissen *(Narcissus triandrus* u. a.)
Lilienzüchtungen *(Lilium)*
Tulpen *(Tulipa,* außer *T. kaufmanniana* und *T. sylvestris)*
In diesen Listen sind Krokusarten und Herbstzeitlosen mit aufgeführt, die nicht im Frühjahr blühen. Da man aber die Verlängerung der Blütezeit nicht nur im Frühjahr schätzt, sondern fast ebensosehr im Herbst, sollte man auf sie niemals verzichten. Herbstzeitlosen mögen einem gefallen oder nicht, im Krokus aber nur den Frühlingsbringer zu sehen ist ein bedauerliches Fehlurteil. Diese weißen und zartblauen Kelche bringen einen ungeahnten Zauber in die vergilbende Natur, sie erscheinen einem wie unwirkliche Wesen. Sie blühen jedem Frost zum Trotz und sind gar nicht anspruchsvoll.

Legen der Zwiebeln und Knollen
Die Blumenzwiebeln kommen in den Boden wenn die Wiese gemäht ist. Die herbstblühenden Krokus und die Herbstzeitlosen im Spätsommer, alle übrigen im Herbst, sobald man sie eben bekommen kann. Bis in den November soll sich das Legen möglichst nicht hineinziehen, der Boden könnte um diese Zeit auch schon gefroren sein. Der Entwicklung der Pflanzen ist

das späte Ausbringen keineswegs dienlich. Daß sie verspätet blühen, ist noch die harmloseste Folge.

Als Werkzeug braucht man zum Legen entweder ein Spezialgerät, mit dem Erdlöcher ausgestanzt werden oder einen Handspaten, einen Distelstecher oder eine kurzstielige Haue. Manchmal tun auch Pickel oder Maurerhammer gute Dienste. Beim Einlegen müssen die unterschiedlichen Pflanztiefen beachtet werden. Sie richten sich an den Ansprüchen der Pflanze aus und betragen bei Krokus 5 bis 10 cm, bei Märzenbecher 10 bis 15 cm und bei Narzissen bis 20 cm. Nach einer Faustregel ist dies der 2 1/2fache Knollen- und Zwiebeldurchmesser.

Um die in größeren Mengen ausgebrachten Zwiebeln und Knollen in möglichst natürlich anmutender Form zu verteilen, streut man sie zunächst mit der Hand aus, so, als ob man säen wollte. Wo sie zu liegen kommen, wird das Pflanzloch gestochen, für jede ein eigenes. Nicht unbedingt nötig ist es, bei Knolle und Zwiebel auf »oben« und »unten« zu sehen und sie entsprechend einzulegen – Blüten und Blätter wachsen immer himmelwärts, wenngleich für die Pflanze etwas umständlicher, wenn sie köpflings liegt. Das Pflanzloch aber muß gut mit Erde abgedeckt werden, das ist wichtiger.

Die raren und teureren Blumenzwiebeln wird man nach sorgfältiger Platzwahl einzeln auslegen, z. B. Herbstzeitlosen und besondere Narzissen. Überhaupt wird es von Vorteil sein, sich nicht gänzlich dem Zufall zu überantworten. Nicht nur über die richtigen Standorte ist rechtzeitig vorher ausreichend nachzudenken, auch die Abfolge der Blütezeit ist zu beachten und die günstigsten Kombinationen sind zu

Mitunter halten auch Tulpen für einige Jahre in der Wiese aus. Ihre Anwendung soll damit hier aber nicht empfohlen sein.

überlegen. Dabei müssen die passenden Farben zueinandergebracht werden.

Gerade beim Krokus, der mit gelber, blauer und weißer Farbe kräftig aufträgt, ist das wichtig. Oft hat dabei die Zusammenstellung ausschließlich weißer Sorten eine überzeugendere Wirkung, als die bunte Mischung aller Farben – auch in der Blumenwiese, die sonst nicht bunt genug sein kann. Sehr gut wirken Mischungen weißer und blauer Krokussorten, entweder mit einem überwiegenden Weißanteil oder einem Mehr an blauer Farbe. Das pralle

Gelb ist keine Farbe des frühesten Frühjahrs, der Zeit der dezenten Hasel- und Weidenkätzchen. Wenige Wochen später ist das ganz anders, da bricht rundum die große Farbenpracht aus. Doch Farben sind Geschmackssache. Auch mit früher Buntheit – richtig angewendet – wird man überzeugen können.

Menge und Kosten

In welchen Mengen sind Blumenzwiebeln und Blumenknollen in der Wiese auszulegen? Krokus und Blaustern sind Massenwesen und auch bei Schneeglöckchen und Narzissen wirkt eine Dutzendmenge recht kümmerlich. Wenn man sich nur 10 Krokusse gönnen will, läßt man es besser ganz bleiben. Vor allem die kleinblütigen Wildkrokus werden erst in Größenordnungen von mehreren Hundert aufwärts interessant. Was würden wir über einen ausgewachsenen Apfelbaum, der nur zwanzig Blüten trägt, sagen! Er wäre einer Wiese mit 20 Krokusblüten zu vergleichen.

Bei Narzissen ist freilich 1//10 der Krokuszahl ausreichend. Auch Herbstkrokus genügen in sehr vereinzelter Streuung, Märzenbecher in kleinen Gruppen von wenigen Exemplaren und Herbstzeitlosen wird man ganz vereinzelt irgendwo am Rand der Wiese bei einem Gehölz unterbringen.

Diese Mengenbegriffe sind auch ungefähr den ansteigenden Kosten proportional. 10 Krokusknollen kosten (1995) zwischen 2 und 3 DM, wenn man die häufigeren Sorten wählt, seltenere Arten das doppelte oder noch mehr. Blausternzwiebeln sind etwas billiger, gute Narzissen aber wiederum um das mehrfache teurer. Der Geldaufwand ist im Jahre der Pflanzung gewiß spürbar. Aber man muß beim Kauf auch daran denken, daß das so verwendete Geld in einer guten Sparbüchse liegt. Bleiben die Zwiebeln und Knollen doch im Boden und werden, wenn alles richtig gemacht wurde, und die Mäuse sie nicht holen, sogar noch mehr. So hat ihre Blüte – auch ohne Vermehrung – nach einem Jahr schon nur noch die Hälfte gekostet, denn man genießt sie bereits zum 2. Mal. 10 Jahre später liegen die Kosten der jährlichen Blüte nach dieser Rechnung bereits bei weniger als 1//10 der ursprünglichen Auslage. So billig kann man wirklich keine andere Blume kaufen! Die Dichte der ausgelegten Krokusknollen liegt bei 30 Stück/m^2 und darüber. Die Zwiebeln des Blausterns liegen noch enger, die von Narzissen aber weitaus lockerer, 15 bis 20 oder noch darunter.

Ähnlich der Situation auf Seite 117 können Pflanzen wie Lein, Lavendel, Salbei, Schleierkraut, Graslilie und Glockenblume eine »Wiese« bilden, während z. B. Pfingstrose, Schwertlilie und Türkenmohn als Blickpunkte herausragen. Alles ist hier gepflanzt, zum Teil auch durch Selbstaussaat entstanden.

Ersatz für Wiese und Rasen

In vielen Gärten finden sich Stellen, die für das Ansäen eines Rasens oder einer Wiese aus irgendwelchen Gründen nicht geeignet sind, auf denen aber doch eine pflegearme, ausdauernde, vielblühende Vegetation erwünscht wäre. Wenn diese Flächen zudem noch vom Betreten verschont bleiben können, ergeben sich ideale Voraussetzungen, die Saat durch Pflanzung zu ersetzen.

Stauden, Gräser, Gehölze

Der Rasenersatz kann sowohl aus gepflanzten Gräsern, als auch aus Stauden oder gar aus Gehölzen bestehen. Als Ersatz für eine Wiese eignen sich letztere freilich nicht besonders. Sie sind dafür zu gleichförmig. Am besten wird man eine Mischung aus allem zusammenstellen, in der die Stauden weitaus überwiegen müssen. Was da-

bei entsteht, ist genau genommen nichts anderes als eine Wildstauden-pflanzung mit Ergänzung durch Gräser und einige Gehölze. Aber was ist eine bunte Wiese viel anderes? Der Unterschied besteht darin, daß diese Ersatzwiese nicht mehr gemäht werden kann, sondern geschnitten werden muß.

Eine große Auswahl an Pflanzen steht uns zur Verfügung. Wir benötigen Bodendecker, die für das Gras der Wiese stehen müssen und Blütenstauden in allen Wuchshöhen. Die Bodendecker stellen die Mehrheit. Ausgewählt können sie zunächst unter all denen werden, die schon im Abschnitt »Pflege der Blumenwiese« für deren Ergänzung genannt sind. Hier kommen aber darüberhinaus Stauden dazu, die wir sonst im Beet oder im Steingarten verwenden.

Eine Auswahl geeigneter Bodendecker bieten die folgenden Listen.

Bodendeckende Stauden für sonnige Lagen
Stachelnüßchen (Acaena, mehrere Arten, Schwächen beim Überwintern)
Günsel (Ajuga reptans)
Katzenpfötchen (Antennaria dioica, A. parvifolia)
Gänsekresse (Arabis arendsii, A. caucasica)
Sandkraut (Arenaria montana)
Grasnelke (Armeria maritima)
Edelraute (Artemisia schmidtiana, A. stelleriana)
Federspiere (Astilbe chinensis var. pumila)
Blaukissen (Aubrieta×cultorum)
Andenpolster (Azorella trifurcata)
Steinsame (Buglossoides purpurocaerulea)
Glockenblume (Campanula, verschiedene Arten)

Hornkraut (Cerastium tomentosum var. columnae)
Bleiwurz (Ceratostigma plumbaginoides)
Fiederpolster (Cotula squalida)
Sandnelke (Dianthus arenarius)
Heidenelke (Dianthus deltoides)
Pfingstnelke (Dianthus gratianopolitanus)
Federnelke (Dianthus plumarius)
Storchschnabel (Geranium dalmaticum)
Stengelloser Enzian (Gentiana acaulis)
Schleierkraut (Gypsophila repens)
Bruchkraut (Herniaria glabra)
Sonnenröschen (Helianthemum×hybridum, mehrere Sorten)
Habichtskraut (Hieracium, mehrere Arten)
Schleifenblume (Iberis sempervirens)
Lavendel (Lavandula angustifolia)
Hainkraut (Minuartia laricifolia)
Scheinknöterich (Muehlenbeckia axillaris, friert im Winter meist zurück)
Katzenminze (Nepeta×faassenii)
Teppichphlox (Phlox subulata)
Braunelle (Prunella×webbiana)
Seifenkraut (Saponaria ocymoides)
Rosettensteinbrech (Saxifraga, mehrere Arten und Sorten)
Mauerpfeffer (Sedum acre)
Fetthenne (Sedum, mehrere Arten und Sorten)
Hauswurz (Sempervivum, mehrere Arten und Sorten)
Wollziest (Stachys byzantina)
Gamander (Teucrium chamaedris)
Thymian (Thymus, mehrere Arten und Sorten)
Ehrenpreis (Veronica prostrata, V. spicata var. incana)

Bodendeckende Stauden für schattige Lagen
Haselwurz (Asarum europaeum)
Frauenmantel (Alchemilla alpina)

Lein, Lavendel, Salbei, Schleierkraut, Graslilie stellen die Wiese dar, Fackellilie, Diptam, Königskerze und Madonnenlilie sorgen für Blickpunkte. Diese »Wiese« gibt es nicht in der Natur.

Maiglöckchen *(Convallaria majalis)*
Herzblume *(Dicentra eximia)*
Elfenblume *(Epimedium,* mehrere Arten und Sorten)
Waldmeister *(Galium odoratum)*
Purpurglöckchen *(Heuchera-*Hybriden)
Gedenkemein *(Omphalodes cappado-cica)*
Ysander *(Pachysandra terminalis)*
Moossteinbrech *(Saxifraga-*Arendsii-Hybriden, *S. trifurcata)*
Porzellanblümchen *(Saxifraga umbrosa)*
Schaumblüte *(Tiarella cordifolia)*
Duftveilchen *(Viola odorata)*
Immergrün *(Vinca minor,* aber ja nicht das großblättrige Immergrün *(Vinca major)!*
Waldsteinie *(Waldsteinia ternata)*

Gräser für sonnige Lagen
Zittergras *(Briza media)*
Blaugrüne Segge *(Carex flacca)*
Bergsegge *(Carex montana)*
Alpenschwingel *(Festuca alpina)*

Blauschwingel *(Festuca glauca)*
Bärenfellgras *(Festuca scoparia)*
Schillergras *(Koeleria glauca)*
Perlgras *(Melica nutans)*
Blaugras *(Sesleria varia)*
Federgras *(Stipa pennata* und andere Arten)

Gräser für schattige Lagen
Bärfellgras *(Festuca scoparia)*
Breitblättrige Segge *(Carex plantagi-nea)*
Schneemarbel *(Luzula nivea)*
Haarmarbel *(Luzula pilosa)*
Waldmarbel *(Luzula sylvatica)*
In schattiger Lage kann die Pflanzung vorteilhaft durch Farne ergänzt werden.

Bodendeckende Gehölze können für diesen Zweck nur unter erheblichem Vorbehalt empfohlen werden. Sie haben alle ein gnadenloses Ausdehnungs-bedürfnis und unterdrücken dabei die meisten Stauden, die dem im Wege stehen. Das spricht nicht für ihre Ver-

wendung unter der Absicht einen Blumenwiesen-Ersatz zu erzielen. Unter der Bedingung, diese Bedenken zu beachten, sollen genannt sein: Felsmispelarten *(Cotoneaster)*, Besenheide *(Calluna)*, Efeu *(Hedera)*,)Kriechender Spindelbusch *(Euonymus)*, Kriechwacholder *(Juniperus)* und Scheinbeere *(Gaultheria)*. Für die Schneeheide *(Erica)* braucht die Warnung nicht zu gelten.

Kleerasen

Manches als Unkraut verschriene Gewächs hat seine Unkrautqualitäten daher, daß es widerstandsfähiger ist als andere, sich überall einnistet, wo man es gerade nicht haben mochte und dort zudem diejenigen Pflanzen unterdrückt und verdrängt, die gerade erwünscht wären. Wenn man sich darauf einstellen kann, diese Eigenschaften positiv anzusehen, dann läßt sich aus Unkraut viel herausholen. Es lassen sich Kraft, Laune, Zeit und Geld sparen.

So sind alle Kleearten im Rasen überaus störend. Leute, denen es nicht an einer bestimmten Art Grün gelegen ist und auch nicht daran, welche Pflanzen es liefern, drehen den Stiel um; Sie säen Kleerasen. Vor allem mit Weißklee hat diese Entscheidung einige Vorteile. Er ist robust und kann fast uneingeschränkt betreten werden, er übersteht Trockenzeiten, ist zu jeder Zeit saftig grün, er läßt sich nach Belieben mähen, ist kaum Schädlingen und Krankheiten ausgesetzt, braucht keinen Dünger und

Dieses Staudenbeet steht als Kontrast zu dem auf Seite 117 gezeigten. Als (nicht betretbarer) Rasenersatz könnte es gelten, als Wiesenersatz sicher nicht.

verbessert sogar selbst den Boden. Um Kleerasen zu erhalten, genügt eine geringe Beimengung von Kleesamen in die Rasenmischung. Die Gräser liefern den Vorwuchs. Später werden sie weitgehend verdrängt.

Ähnliche Eigenschaften wie Weißklee weist die Schafgarbe *(Achillea millefolium)* auf. Vor allem ist sie, wie dieser praktisch unbegrenzt betretbar.

Thymianrasen

Für Rasenersatz in Einzelkultur ist noch die eine oder andere Pflanze gut. Eine hautdünne Bedeckung des Bodens gibt uns Thymianrasen. Je nach ausgewählter Art erfreut uns dazu nicht nur eine hübsche Blüte, sondern auch noch ein würziger Duft. Der Thymian erträgt das Betreten. Mähen erübrigt sich bzw. es sind nur die Pflanzen zu kürzen, die nicht Thymian sind. Voraussetzung für die Anwendung dieses Rasentyps ist eine absolut sonnige, trockene Lage. Der Boden soll sehr mager sein. Steine sind kein Hindernis, im Gegenteil. Thymian überdeckt mühelos Platten von $^1/_4$ m^2.

Geeignet sind verschiedene Thymianarten, vor allem *Thymus serpyllum* mit vielen Sorten und *Thymus praecox* var. *pseudolanuginosus*. *Thymus×citriodorus* wächst etwas höher und ist dadurch nicht trittverträglich. Er stirbt auch manchmal gruppenweise ab. Freunde von Naturtees könnten ihn allerdings schneiden, das Abgeschnittene trocknen und einen recht apart schmeckenden Tee aufgießen. In Gartenverhältnissen wird man gewiß keine allzugroßen Flächen mit Thymian bedecken wollen. Auch hier hat die Pflanzung Vorteile gegenüber der Aussaat.

Kamillenrasen

Wenn man von Kamillenrasen hört, meint man zunächst, unsere allbekannte Tee-Kamillenpflanze sei damit gemeint. Das stimmt nicht ganz. Für ihn wird eine verwandte Pflanze, die Römische Kamille *(Anthemis nobilis,* früher *Chamaemelum nobile)* eine Staude, verwendet. Die Jungpflanzen lassen sich durch Aussaat und Weitervermehrung mittels Ablegern selbst erzielen. Die Teekamille *(Chamomilla recutita)* wäre als Rasenersatz kaum brauchbar. Sie ist als Einjährige Pflanze sehr kurzlebig. Schon im Sommer stirbt sie ab. Auszusäen freilich wäre sie mit selbstgesammelten Samen kinderleicht. Sie besorgt das sogar selbst, was sie auch trefflich versteht.

Oben: Dies ist zwar nicht die Kamille, die für den Kamillenrasen gedacht ist, das Bild vermag aber immerhin darzustellen, wie es aussehen kann.

Ein- und Zweijahrspflanzen

Auch alle sonstigen »Annuellen« und »Biennen« kommen sicher nur in vereinzelten Fällen als – kurzfristiger – Rasenersatz in Frage. Einige wurden bereits in vorausgehenden Abschnitten erwähnt, wie Einjährige Rispe, Klappertopf, Wundklee, Klatschmohn, Kornblume und andere. Die Auswahl ist tatsächlich nicht sehr umfangreich. Die meisten fallen eben unter die Sammelkategorien »Gründüngung« oder

»Sommerblumenbeet«. Eine kleine »Handvoll« soll doch noch genannt sein: Vexiernelke *(Lychnis coronaria)*, Königskerze *(Verbascum*-Hybriden, *Verbascum thapsus* und noch andere Arten), Fingerhut *(Digitalis purpurea)*, Nachtkerze *(Oenothera biennis)*, Wilde Möhre *(Daucus carota)*, Steinklee *(Melilotus alba* und *Melilotus officinalis)*, Wachtelweizen *(Melampyrum pratense)*, Lein *(Linum bienne)*, (wobei zu bemerken ist, daß auch *Linum perenne* oft wie ein zweijähriger Lein auftritt), Leinkraut *(Linaria alpina)*.

Die meisten säen sich selber aus, wenn sie eine offene Krume finden, sterben ab, wenn der Same gereift ist und sind danach oft längere Zeit von der Bildfläche verschwunden. Da muß man dann nachhelfen, indem man den

Oben: Thymian (Thymus serpyllum) in Gesellschaft mit Habichtskraut (Hieracium pilosella) wuchert über blanken Schotter.

Boden öffnet und Samen ausstreut. Natürlich könnten noch weitere der zuweilen zauberhaften Ackerwildkräuter aufgezählt werden. Aber diese, wie zum Beispiel der zarte Erdrauch *(Fumaria officinalis)* und der feingliedrige Akkerrittersporn *(Delphinium consolida)*, »verwirklichen sich« wahrlich inniger am Rand des Salatbeetes als in der drangvollen Wiesenwelt.

Staudenbeet an der Blumenwiese

In unterschiedlicher Weise werden die Berührungsstellen von Rasen oder Wiese einerseits und Staudenbeete andererseits behandelt. Ein Plattenweg, eingelegte Kanten in Form einer Pflastersteinreihe, eine Holzbalkenlage oder anderes ist für jeden Fall die konsequenteste und hilfreichste Grenzlinie, die einem Übergreifen unerwünschter Pflanzen ins Staudenbeet vorbeugt. Sie ist gegen Grenzgänger leicht unter Kontrolle zu halten.

Bei Zierrasen ist nach wie vor die gestochene Kante allgemein verbreitet. Das Kantenstechen ist wie das Mähen eine ständig wiederkehrende Aufgabe. Für sie gibt es sogar eigene Geräte.

Ist dem Beet allerdings eine Blumenwiese vorgelagert, dann erscheint das Kantenstechen und Kanten halten schon ziemlich fragwürdig, wenn nicht gar unsinnig. Berühren sich hier doch verwandte Bewuchsformen. Dennoch wird, wer sich ein Staudenbeet hält, wachsam beobachten, was sich von außen hereindrängen will. Und nicht nur beobachten, er wird auch beharrlich regulierend eingreifen. Haben wir doch im Blumenrasen Pflanzen enthalten, die nur allzugern von den locker bewachsenen und vielleicht auch offenen Stellen im Beet Besitz ergreifen möchten. Gegen eine Margerite wird niemand etwas einzuwenden haben. Aber es gibt auch noch Schafgarbe und Miere, Hahnenfüße, Geißfuß und andere ausbreitungswütige Pflänzchen.

Eine Dämmschicht dichter, massiger Stauden am Beetrand hilft ein wenig,

Die Grenze zwischen Staudenbeet und Rasen bildet vorteilhaft ein Plattenweg (linke Seite oben).
Zur Blumenwiese hin tun es dichtwachsende Stauden wie Salbei, Schwertlilie (oben), Pfingstrose und Gräser (linke Seite unten).

aber auch nicht gegen alle. Eine Barriere aus Elfenblumen *(Epimedium)*, Waldsteinie *(Waldsteinia)*, Wollziest *(Stachys byzantina)*, Großblütigem Ziest *(Stachys grandiflora)*, Schwertlilien *(Iris barbata-elatior, I. sibirica)*, Chinaschilf *(Miscanthus)*, um nur einige wenige zu nennen, stellt einen verläßlichen Schutz dar. Das zeitweilige Sehen nach dem rechten und der gelegentliche tätliche Eingriff ist einem trotzdem nicht geschenkt. Aber man hat immerhin Zeit gewonnen.

Ein anderes Verfahren wäre es, Blumenwiese und Staudenbeet durch die Anwendung robuster Wildstauden ganz ineinander verschmelzen zu lassen. Dies bedeutet aber Verzicht auf das geordnete Staudenbeet. Hierüber ist bereits einiges im Abschnitt über »Wildstauden zum Nachpflanzen« ausgesagt. Man kann das Thema variieren, indem man wenige sehr robuste Großstauden anwendet, die dann mehr als Einzelgestalten oder zu markanten Gruppen zusammengefaßt die Blicke auf sich ziehen.

Ein wirkliches, gepflegtes Beet mit Stauden sollte sich aber immer aus der Umgebung herausheben. Die Stauden sollten sich nicht den Wiesenblumen »anbiedern«. Also: sauber gemähte und gepflegte Rasenfläche oder befestigter Rand – Abstand von der Wiese.

Tiere in der Blumenwiese. Wo eine Wiese blüht, finden sich Schmetterlinge ein und viele andere Tiere noch dazu. Nicht nur die unscheinbaren, sondern auch prächtige Falter kehren zurück in unsere Gärten, wenn wir ihre Wirts- und Futterpflanzen fördern. Die Raupen des Schwalbenschwanzes leben auf Wiesenkümmel oder auch im Gemüsebeet im Kraut der Gelben Rübe, des Dills oder des Fenchels. Kaisermantel- und Perlmutterfalter-Raupen verzehren Veilchenblätter.

Register

Bildquellen

Compo GmbH, Münster: Abb. Seite 57, 61, 67, 68.

Ebert, G., Malsch-Sulzbach, Titelfoto – kleines Bild.

Ehmann, D., Filderstadt: Abb. Seite 124.

Felbinger, A., Leinfelden-Echterdingen: Abb. Seite 34, Umschlagrückseite.

Gardena, Ulm: Abb. Seite 15, 46, 47

Kleinschrot, D., Weil im Schönbuch: Abb. Seite 50, 65.

Mierswa, D., Regensburg: Abb. Seite 37, 48.

Reinhard, H., Heiligkreuzsteinach: Umschlagfoto, Abb. Seite 14, 87, 90, 113, 120.

Wetterwald, M.-F., Offenburg: Abb. Seite 7.

Wohlschlager, J., Sindelfingen: Abb. Seite 1, 2, 4, 5, 9, 12, 16, 19, 30, 39, 49, 54, 73, 77, 79, 85, 88, 92, 93, 94, 97, 102, 103, 104, 106, 107, 111, 115, 117, 118, 121, 122, 123.

Wolf-Geräte GmbH, Betzdorf: Abb. Seite 33, 52.

Die Zeichnungen fertigte Claudia Hosslin, Zürich, nach Angaben des Verfasser.

Die Deutsche Bibliothek – CIP-Einheitsaufnahme

Wohlschlager, Josef:
Rasen und Blumenwiese / Josef Wohlschlager. [Zeichn. von Claudia Hosslin]. – 3. Aufl. – Stuttgart : Ulmer, 1996
(Ulmer-Taschenbuch ; 8)
ISBN 3-8001-6853-7
NE:GT

© 1984, 1996 Verlag Eugen Ulmer GmbH & Co.
Wollgrasweg 41, 70599 Stuttgart (Hohenheim)
Printed in Germany
Lektorat: Gerhard Bley
Herstellung: Thomas Eisele
Satz: Typomedia Satztechnik GmbH, Scharnhausen
Druck und Bindung: Georg Appl, Wemding